Zoete Sensaties Het Complete Receptenboek

Van Klassiek tot Creatief in de Dessertkeuken Een Compleet Receptenboek voor Zoetekauwen en Fijnproevers

Sophie van den Berg

Auteursrechtmateriaal ©2025

Alle rechten voorbehouden

Geen enkel deel van dit boek mag in welke vorm of op welke manier dan ook worden gebruikt of overgedragen zonder de juiste schriftelijke toestemming van de uitgever en eigenaar van het auteursrecht, met uitzondering van korte citaten die in een recensie worden gebruikt. Dit boek mag niet worden beschouwd als vervanging voor medisch, juridisch of ander professioneel advies.

INHOUDSOPGAVE

INHOUDSOPGAVE 3
INVOERING 7
ECLAIR 8
   1. Spiegelgeglazuurde eierpunch-Verlichting 9
   2. Spiegel Spiegel geglazuurde witte chocolade-Verlichting 13
   3. Kleurrijke Verlichting met spiegelglazuur en zandkruimel 17
   4. Spiegelgeglazuurde Verlichting van witte chocolade 21
   5. Pistachenoot Citroen Verlichting 25
   6. Verlichting met roze spiegelglazuur 30
TARTE TATIN 34
   7. Tarte tatin van beroep en rozijn 35
   8. Tarte Tatin van esdoorn-peer 37
   9. Tarte tatin van cranberry-beroep 39
   10. Herfsttaart Tatin met gemberpeer 42
   11. Perzik Tatin 45
   12. Ananas Tarte Tatin 47
MADELEINES 49
   13. Earl Grey en Yoghurt Madeleines 50
   14. Madeleines met frambozen en limoen 53
   15. Bananenmadeleines 55
   16. Madeleines met citroen en bosbessen 58
   17. Chocoladebrownie Madeleines 61
CROISSANTEN 64
   18. Mini-amandelcroissants 65
   19. Hibiscuscroissants 67
   20. Cranberry- en sinaasberoepcroissants 69
   21. Ananascroissants 71
CREME BRULEE 73
   22. Amaretto Crème Brûlée 74
   23. Crème Brûlée met rum en kokosnoot 76
   24. Bourbon Vanille Crème Brûlée 78
   25. Kahlua Koffie Crème Brûlée 80
   26. Grapefruitbrûlée 82
   27. Mango Brûlée 84
POT DE CRÈME 86
   28. Citroenpotten de Creme 87

29. Pruimen & Armagnac Pots de Creme 90
30. Sinaasberoep Kardemom Pot de crème 92
31. Banaan Kokos Pot de crème 94
32. Bramen-Basilicum Pot de crème 96
33. Perziktijm Pot de crème 98

KOOL À LA CRÈME 100

34. Aardbei Kool-broodjes 101
35. Chocolade Kool-broodjes 104
36. Romige Geitenkaas Kool Broodjes 106
37. Craquelin Kool-broodjes 109

SOUFFLÉS 112

38. Vlammende soufflé / crème anglaise 113
39. Beroepsoufflés met gezouten karamelsaus 115
40. Gekoelde citroensoufflé 118
41. Soufflé van geroosterde peer en blauwe kaas 120

BEIERSE ROOM 123

42. Chocolade Sinaasberoep Beiers 124
43. Bananen-Kokosbavarois met Karamel 126
44. Bavaroistaartjes met drakenfruit 129
45. Passievruchtbavarois 132

MACARONS 134

46. Gemarmerde Macarons met spiegelglazuur 135
47. Citroenspiegelglazuur Macarons 140
48. Aardbeienspiegelglazuur Macarons 144
49. Matcha spiegelglazuur Macaron 148
50. Spiegelglazuur Macarons met frambozenganache 152
51. Karamel beroep-geglazuurde macarons 156

CREPEN 160

52. Crêpes Roulées en Farcies 161
53. Gâteau De Crêpes a La Florentijnse 164
54. Crêpes Fourrées en Flambées 167
55. Gâteau De Crêpes a La Normande 169
56. Crêpes Suzette 171
57. Crêpes De Pommes De Terre / Pannenkoeken van geraspte aardberoepen 173
58. B anana creme Crêpe s 175
59. Kersencrêpe s _ 177
60. Kumquat- pecannotencrêpe s 179
61. Crêpes met tropisch fruit 181

62. Citroencrêpe s _ 183
63. Crêpes Met Chablis Fruitsaus 186
64. Ambrosia Crêpe s 188
65. Bessencrêpes met sinaasberoepsaus 190

PARFAIT 192
66. Citroenmeringuetaartparfaits 193
67. Met hibiscus doordrenkte yoghurtparfait 195
68. Mangomeringueparfait 197
69. Passievrucht Yoghurt Parfait 199
70. Grapefruit-yoghurtparfait 201
71. PB&J Yoghurtparfait 203

PETITS VIER 205
72. Mini-meringue-kusjes 206
73. Chocolade truffels 208
74. Marsepein vormen 210
75. Met fruit gevulde Pâte de Fruits 212
76. Cocktailroomsoesjes 215
77. Mini-kaneelbroodjes 217
78. Mini Fruitdeensetjes 219

TAARTJES EN TAARTJES 221
79. Minifruittaartjes met banketbakkersroom 222
80. Mini-citroentaartjes 225
81. Nougattaart met chocoladespiegelglazuur 227
82. Beroep-karamel-spiegelglazuurtaartjes 231
83. Tarte Aux Pommes / Frank beroeptaart 235
84. Passievrucht-, anijs- en honingtaart 237
85. Chocoladetaart Met Gezouten Karamelmousse 241
86. Bramentaart met spiegel van witte chocolade 246
87. Taartjes van bramen en kamille 250
88. Mini-chocoladeganachetaartjes 254
89. Mini frambozen-amandeltaartjes 256

MOUSSE EN ENTREMETS 259
90. Koepels van chocoladespiegelmousse 260
91. Espressomoussetaartjes met spiegelglazuur 264
92. Spiegel Glazuur d Raspberry Dome Entremet 268
93. Geglazuurde Matcha Entremet 272
94. Entremet met rode bessenchocolade 276
95. Mandarijnmousse 280
96. Citroen-kersen-notenmousse 282

BOM **284**
  97. Spiegel geglazuurde chocolade Bom 285
  98. Spiegel geglazuurde watermeloen Bom 288
  99. Spiegelgeglazuurde mokka Lava Bom 291
  100. Spiegelgeglazuurde frambozenbevroren Bom 294
CONCLUSIE **298**

INVOERING

Welkom bij **Zoete Sensaties Het Complete Receptenboek**, geschreven door **Sophie van den Berg**. Dit boek is jouw ultieme gids voor het bereiden van onweerstaanbare desserts, van tijdloze klassiekers tot moderne, creatieve meesterwerken. Of je nu een ervaren bakker bent of net begint met het ontdekken van de magie van zoete gerechten, hier vind je alles wat je nodig hebt om indruk te maken in de keuken.

Wat kun je verwachten?

- **Klassieke recepten met een moderne twist**
  Leer de geheimen achter traditionele desserts zoals crème brûlée, tiramisu en appeltaart, maar ontdek ook creatieve variaties die een nieuwe dimensie geven aan deze geliefde gerechten.
- **Unieke en innovatieve creaties**
  Laat je inspireren door verrassende desserts zoals lavendel-honing panna cotta, matcha-cheesecake en tropische kokos-limoen taart.
- **Stap-voor-stap instructies**
  Dankzij duidelijke beschrijvingen en handige tips kan iedereen deze recepten maken, van beginner tot gevorderde kok.
- **Inspiratie voor elke gelegenheid**
  Of je nu een feestelijke taart wilt maken, een verfijnde afsluiting zoekt voor een diner, of gewoon zin hebt in een zoete traktatie, dit boek biedt een passende optie.
- **Praktische baktips en technieken**
  Leer hoe je perfect meringues maakt, de ideale chocoladesaus bereidt en jouw taarten prachtig decoreert.

Waarom dit boek?
Als fijnproever weet ik hoe belangrijk desserts zijn in het creëren van mooie herinneringen. Met dit boek wil ik mijn passie voor zoete lekkernijen met jou delen en je uitdagen om je eigen culinaire grenzen te verleggen. Samen maken we van elke hap een zoete sensatie!

Laten we aan de slag gaan en de wereld van desserts ontdekken!

ECLAIR

1.Spiegelgeglazuurde eierpunch-Verlichting

INGREDIËNTEN:
EIGNOMOUSSE:
- 100 g melk
- ½ vanillestokje
- 3 eierdooiers
- 40 g suiker
- 3 ½ vellen (6 g) gelatine
- 150 g advocaat
- 200 gram slagroom
- Krokante pareltjes van pure chocolade (bijv. Valrhona[1])

KORTKORST:
- 125 g boter
- 85 g poedersuiker
- 35 g amandelen
- 42 g losgeklopt ei (1 klein ei)
- 210 g bloem type 550
- 1 snufje zout

GANACHE:
- 65 g room
- 40 g couverture 70%[1], gehakt of callets
- 26 g couverture 55%[1], gehakt of callets
- 120 g koude room

GLANZENDE GLAZUUR:
- 190 g room
- 200 g suiker
- 70 g water
- 80 g glucosestroop
- 80 g donkere bakcacao
- 6 vellen gelatine (16 g).

MONTAGE:
- Donkere en bronzen frisse parels

INSTRUCTIES:
EIGNOMOUSSE:
a) Week de gelatine in ijskoud water.
b) Breng in een kleine pan de melk met een gespleten vanillestokje aan de kook.

c) Meng in een aparte kom de eidooiers met de suiker en voeg al roerend de hete vanillemelk toe.
d) Giet het mengsel terug in de pan en verwarm al roerend tot 82-85 graden Celsius.
e) Haal van het vuur, los de geweekte gelatine op in de room en roer de advocaat erdoor.
f) Zeef het mengsel en spatel de slagroom erdoor.
g) Vul een wegwerpspuitzak met de advocaatmousse en knip er een klein puntje af.
h) Vul tien uitsparingen van de Fashion Verlichting-vorm voor de helft met de mousse, voeg chocoladekrokante parels toe en bedek met nog een laag mousse.
i) Strijk het glad en vries het in, afgedekt met folie.

KORTKORST:
j) Meng poedersuiker en boter tot een romig mengsel.
k) Voeg gemalen amandelen, zout en bloem toe en kneed met het losgeklopte ei tot een soepel deeg.
l) Vorm het deeg tot een baksteen, wikkel het in huishoudfolie en zet het 1 uur in de koelkast.
m) Verwarm de oven voor op 180°C.
n) Rol het deeg op een met bloem bestoven werkblad uit tot een dikte van 3 mm en steek er tien smalle en tien brede stroken uit met de meegeleverde uitsteker uit de Fashion Verlichting-vorm.
o) Leg de reepjes op een met bakpapier beklede bakplaat en bak ze goudbruin (ongeveer 12 minuten).
p) Bewaar de krokante kruimeldeegreepjes in een metalen koekblik tot de volgende dag.

GANACHE:
q) Breng 65 g room aan de kook en giet het over de fijngehakte chocoladelaag (of callets).
r) Laat het een minuut staan en emulgeer vervolgens met een staafmixer.
s) Voeg de koude room toe en roer goed.
t) Bedek het oppervlak van de ganache met folie en zet het een nacht in de koelkast.

GLANZENDE GLAZUUR:
u) Week de gelatine.
v) Breng suiker, water en glucosestroop in een pan tot 103 graden Celsius.
w) Roer de room en de gezeefde cacao erdoor.

x) Los de geweekte gelatine op in het glazuur en mix het met een staafmixer.
y) Giet het glazuur door een zeef, dek af met folie en zet een nacht in de koelkast.

MONTAGE:
z) Verwarm het chocoladeglazuur tot het vloeibaar is.
aa) Haal de Verlichting uit de siliconenvorm en plaats ze op een rooster boven een schaal.
bb) Giet het chocoladespiegelglazuur over de Verlichting en zorg ervoor dat ze volledig bedekt zijn.
cc) Gebruik tandenstokers om ze voorzichtig op de brede stroken zanddeeg te plaatsen.
dd) Klop de ganache op en spuit kleine puntjes op de Verlichting.
ee) Versier met knapperige parels.
ff) Serveer onmiddellijk na het ontdooien.

2. Spiegel Spiegel geglazuurde witte chocolade-Verlichting

INGREDIËNTEN:
VOOR DE ECLAIR-SCHELPEN:
- 150 ml water
- 75 g ongezouten boter
- ¼ theelepel zout
- 150 g bloem voor alle doeleinden
- 4 grote eieren

VOOR DE SPIEGEL SPIEGELGLAZUUR:
- 8 vellen gelatine (16 g).
- 200 g witte chocolade, gehakt
- 200 ml gezoete gecondenseerde melk
- 300 g kristalsuiker
- 150 ml water
- 150 ml slagroom
- Gelvoedselkleuring (blauw, paars, roze en zwart)

INSTRUCTIES:
VOOR DE ECLAIR-SCHELPEN:
a) Verwarm de oven voor op 200°C en bekleed een bakplaat met bakpapier.
b) Meng water, boter en zout in een pan. Verhit op middelhoog vuur tot de boter is gesmolten en het mengsel aan de kook komt.
c) Voeg de bloem in één keer toe en roer krachtig met een houten lepel tot het mengsel een bal vormt en van de zijkanten van de pan loslaat. Dit duurt ongeveer 1-2 minuten.
d) Doe het deeg in een mengkom en laat het een paar minuten afkoelen.
e) Voeg de eieren één voor één toe en meng goed na elke toevoeging. Het deeg moet glad en glanzend zijn.
f) Doe het deeg in een spuitzak met een grote ronde spuitmond.
g) Spuit 4-5 inch lange stroken op de voorbereide bakplaat en laat voldoende ruimte tussen de stroken voor uitzetting.
h) Bak in de voorverwarmde oven gedurende 25-30 minuten of tot de Verlichting opgezwollen en goudbruin zijn.
i) Haal ze uit de oven en laat ze volledig afkoelen op een rooster.

VOOR DE SPIEGEL SPIEGELGLAZUUR:
j) Week de gelatineblaadjes in koud water tot ze zacht zijn.
k) Doe de gehakte witte chocolade en de gezoete gecondenseerde melk in een hittebestendige kom. Opzij zetten.
l) Meng in een pan de kristalsuiker, het water en de slagroom. Verhit op middelhoog vuur, roer tot de suiker volledig is opgelost en het mengsel aan de kook komt.
m) Haal de pan van het vuur en voeg de geweekte gelatineblaadjes toe. Roer totdat de gelatine volledig is opgelost.
n) Giet het warme roommengsel over de witte chocolade en de gecondenseerde melk. Laat het een minuutje staan om de chocolade te laten smelten en roer vervolgens tot het glad en goed gemengd is.
o) Verdeel het glazuur in verschillende kommen en kleur elke kom met verschillende gelvoedselkleuren (blauw, paars, roze en zwart) om een melkwegeffect te creëren. Gebruik een tandenstoker om de kleuren in elke kom door elkaar te laten draaien.
p) Laat het glazuur afkoelen tot ongeveer 30-35°C (86-95°F) voordat u het gebruikt.

MONTAGE:

q) Zodra de Verlichting zijn afgekoeld, maak je met een kleine ronde punt drie gaatjes in de bodem van elke eclair.
r) Vul de Verlichting met vulling naar keuze. Je kunt slagroom, banketbakkersroom of een combinatie van beide gebruiken.
s) Doop de bovenkant van elke eclair in het melkwegspiegelglazuur, zodat het overtollige glazuur eraf kan druipen.
t) Plaats de geglazuurde Verlichting op een rooster om uit te harden, en het glazuur zal een prachtig melkwegeffect creëren terwijl het naar beneden druppelt.
u) Laat het glazuur volledig uitharden.
v) Serveer en geniet van je prachtige Spiegel Spiegel Glazuurd White Chocolate Verlichting!

3. Kleurrijke Verlichting met spiegelglazuur en zandkruimel

INGREDIËNTEN:
VOOR SHOUXGEBAK:
- 8 ons water
- 4 ons ongezouten boter
- ½ theelepel koosjer zout
- 1 eetlepel kristalsuiker
- 5 ons gezeefd broodmeel
- 1 theelepel optioneel vanille-extract
- 4 grote eieren
- Gelvoedselkleuring (diverse kleuren)

VOOR ECLAIR VULLING (KIES 1):
- 1 ½ portie vanille-banketbakkersroom
- 1 ½ batch chocolade banketbakkersroom

VOOR SPIEGELGLAZUUR:
- 12 ons witte chocoladestukjes
- 6 ons zware room
- Gelvoedselkleuring (diverse kleuren)

VOOR ZANDKRUIM:
- ½ kopje graham crackerkruimels
- 2 eetlepels kristalsuiker
- 2 eetlepels ongezouten boter (gesmolten)

INSTRUCTIES:
SHOUXGEBAK:
a) Meng water, boter, zout en suiker in een pan. Verhit op middelhoog vuur tot de boter is gesmolten en het mengsel aan de kook komt.
b) Haal de pan van het vuur, voeg het gezeefde broodmeel toe en roer snel tot het mengsel een gladde deegbal vormt.
c) Laat het deeg iets afkoelen, voeg dan één voor één de eieren toe en meng goed na elke toevoeging. Het deeg moet glad en glanzend zijn.
d) Verdeel het soezendeeg in aparte kommen voor elke kleur die je wilt gebruiken. Voeg een paar druppels gelvoedselkleuring toe aan elke kom en meng tot je de gewenste kleuren hebt bereikt.
e) Verwarm uw oven voor op 200°C. Bekleed een bakplaat met bakpapier.
f) Spuit het gekleurde soezendeeg in Verlichting op de voorbereide bakplaat. U kunt een spuitzak of een ritssluitingszak gebruiken waarvan de hoek is afgesneden.
g) Bak gedurende 15 minuten op 200 °C, verlaag vervolgens de temperatuur tot 180 °C en bak nog eens 20-25 minuten, of tot de Verlichting goudbruin zijn en opgezwollen. Open de oven niet tijdens het bakken.

ECLAIR-VULLING:
h) Bereid vanille-banketbakkersroom of chocolade-banketbakkersroom naar eigen voorkeur.

SPIEGEL GLAZUUR:
i) Doe de witte chocoladestukjes in een hittebestendige kom.
j) Verwarm de slagroom in een pan tot deze net begint te koken. Giet de hete room over de witte chocoladestukjes en laat dit een minuutje staan. Roer totdat de chocolade volledig is gesmolten en het mengsel glad is.
k) Verdeel het glazuur in afzonderlijke kommen en voeg gelvoedselkleuring toe aan elke kom om de gewenste kleuren te verkrijgen.

ZAND KRUIM:
l) Meng in een kleine kom de crackerkruimels van Graham en de kristalsuiker.
m) Voeg gesmolten ongezouten boter toe aan het mengsel en roer tot alles goed gemengd is.

MONTAGE:
n) Zodra de Verlichting zijn afgekoeld, snijdt u ze horizontaal doormidden.

o) Vul elke eclair met de door u gekozen banketbakkersroomvulling.
p) Doop de bovenkant van elke eclair in het gekleurde spiegelglazuur, zodat het overtollige glazuur eraf kan druipen.
q) Strooi het zandkruimelmengsel over de geglazuurde bovenkant van de Verlichting voor extra textuur en decoratie.
r) Laat het spiegelglazuur een paar minuten inwerken en uw kleurrijke Verlichting met spiegelglazuur en zandkruimel zijn klaar om geserveerd te worden!
s) Geniet van je heerlijke en kleurrijke Verlichting!

4. Spiegelgeglazuurde Verlichting van witte chocolade

INGREDIËNTEN:
VOOR DE GEBAKCRÈME:
- 4 eierdooiers
- 380 gram volle melk (1 ¾ kopje)
- 100 gram suiker
- 2 eetlepels maïszetmeel
- 2 eetlepels bloem voor alle doeleinden
- 1 theelepel vanille-extract (of 1 vanillestokje)
- Scheutje cognac of rum
- ½ kopje slagroom (voor kloppen)

VOOR HET SHOUXGEBAK:
- 120 gram volle melk (½ kopje)
- 120 gram water (½ kopje)
- 120 gram boter (8½ eetlepels boter)
- 145 gram brood of bloem met hoog glutengehalte (1 kopje)
- 6 gram zout (0,2 ounces, 1 afgestreken eetlepel koosjer zout)
- Ongeveer 6 hele grote eieren

VOOR HET GLAZUUR:
- 200 gram witte chocolade
- Optionele kleurstof voor levensmiddelen

INSTRUCTIES:
BEREIDING VAN DE GEBAKCRÈME:
a) Klop de eidooiers met de suiker tot een licht en luchtig mengsel.
b) Klop het maizena en de bloem erdoor.
c) Verwarm de melk en de vanille in een pan tot het net begint te koken.
d) Voeg ⅓ van de melk toe aan de eierdooiers om te tempereren. Roer en voeg nog een ⅓ van de melk toe. Voeg vervolgens de laatste ⅓ toe.
e) Doe de vloeibare melk + dooiers terug in de pan en verwarm tot de room is ingedikt.
f) Haal het uit de pan in een kom en laat de banketbakkersroom afkoelen op een ijsbad of in de koelkast.
g) Terwijl de banketbakkersroom afkoelt, klop je de slagroom tot stijve pieken. Als de banketbakkersroom is afgekoeld, vouw dan de helft van de slagroom erdoor tot het net gemengd is. Vouw vervolgens de resterende helft erdoor.

BEREIDING VAN DE KOOL:
h) Verwarm de melk, het water, het zout en de boter tot ze net stomen.
i) Voeg alle bloem in één keer toe en roer om alle ingrediënten bij elkaar te brengen. Ga door met koken gedurende ongeveer 1 minuut om wat extra vocht te verdrijven.
j) Doe dit deeg in een kom. Wacht een paar minuten tot het is afgekoeld voordat je de eieren toevoegt.
k) Voeg één voor één elk ei toe aan het deeg en klop tot het volledig is opgenomen. Als het deeg zijdezacht is en onder zijn gewicht van de lepel valt, haal je het uit de kom en doe je het in een spuitzak.
l) Gebruik een siliconenmat of perkamentpapier op uw pan en pijp strengen van 15 cm lang. Houd ze dun, want tijdens het bakken zullen ze opzwellen.
m) Bak op 182°C gedurende ongeveer 30-35 minuten tot de soezen gelijkmatig bruin en licht krokant zijn. Zet ze op een koelrek om af te koelen.

BEREIDING VAN HET GLAZUUR:
n) Smelt de witte chocolade met behulp van een dubbele boiler of magnetron in uitbarstingen van 30 seconden. Het tempereren van de chocolade is hier niet nodig. Houd het warm tot het klaar is voor het glazuren.
o) Vul de Kool:

p) Maak met een tandenstoker twee gaten in de bovenkant van de Verlichting aan de tegenoverliggende uiteinden.
q) Steek het puntje erin en knijp zachtjes totdat je ziet dat de banketbakkersroom de andere kant bereikt. Veeg de randen schoon van overtollig materiaal.
r) Glaceer en maak de Verlichting af:
s) Dompel elke gevulde eclair in het glazuur, zodat deze de bovenste helft volledig bedekt. Gebruik je vinger om eventuele onvolkomenheden weg te werken.
t) Voor een gestreept effect spuit je snel over gesmolten chocolade.
u) Geniet kort na het vullen van de custardgoedheid binnenin. Hoewel ze in de koelkast enkele dagen houdbaar zijn, worden ze zacht en drassig.

5.Pistachenoot Citroen Verlichting

INGREDIËNTEN:
VOOR GECANDIEERDE CITROENEN (OPTIONEEL):
- 10 sunquats (mini-citroenen)
- 2 kopjes water
- 2 kopjes suiker

VOOR PISTACHENOOTPASTE:
- 60 g ongepelde Pistachenootnoten (niet geroosterd)
- 10 g druivenpitolie

VOOR PISTACHENOOT-CITROENMOUSSELINE CRÈME:
- 500 gram melk
- Schil van 2 citroenen
- 120 g dooier
- 120 gram suiker
- 40 g maizena
- 30 g Pistachenootpasta (of 45 g indien in de winkel gekocht)
- 120 g zachte boter (in blokjes gesneden)

VOOR PISTACHENOOT MARSEPEIN:
- 200 g marsepein
- 15 g Pistachenootpasta
- Groene voedselkleurstof (gel)
- Een beetje poedersuiker

VOOR SHOUXGEBAK:
- 125 g boter
- 125 gram melk
- 125 gram water
- 5 gram suiker
- 5 g zout
- 140 g bloem
- 220 gram eieren

VOOR GLAZUURN:
- 200 g nappage neutre (neutrale geleiglazuur)
- 100 gram water
- Groene voedselkleurstof (gel)

VOOR DECORATIE:
- Gemalen Pistachenootnoten

INSTRUCTIES:
GECANDIEERDE CITROENEN (OPTIONEEL):

a) Maak een ijsbad (een pan met water en ijs) klaar en zet het opzij.
b) Gebruik een scherp mes om dunne plakjes citroen te snijden. Gooi de zaden weg.
c) Breng in een andere pan water aan de kook. Haal van het vuur en voeg onmiddellijk de schijfjes citroen toe aan het hete water. Meng tot de plakjes zacht worden (ongeveer een minuut).
d) Giet het hete water door een zeef en leg de schijfjes citroen een seconde in het ijsbad. Giet ijskoud water af met behulp van de zeef.
e) Meng water en suiker in een grote pan op hoog vuur. Meng tot de suiker smelt en breng dan aan de kook.
f) Zet het vuur middelhoog en gebruik een tang om de schijfjes citroen in het water te leggen, zodat ze blijven drijven. Kook op laag vuur tot de korst transparant wordt, ongeveer 1½ uur.
g) Verwijder de citroenen met een tang en plaats ze op een koelrek. Leg een stuk bakpapier onder het koelrek om eventuele siroop op te vangen die van de schijfjes citroen druipt.

PISTACHENOOT PASTA:
h) Verwarm de oven voor op 160°C.
i) Rooster de Pistachenootnoten op een bakplaat gedurende ongeveer 7 minuten tot ze lichtbruin kleuren. Laat ze afkoelen.
j) Maal de afgekoelde Pistachenootnoten tot poeder in een kleine keukenmachine. Voeg de olie toe en maal opnieuw tot het een pasta wordt. Bewaar het in de koelkast tot gebruik.
k) Pistachenoot-citroenmousselinecrème:
l) Breng de melk aan de kook. Zet het vuur uit, voeg de citroenschil toe, dek af en laat het 10 minuten staan.
m) Meng de eierdooiers en suiker in een kom. Klop onmiddellijk, voeg dan maizena toe en klop opnieuw.
n) Voeg al kloppend de warme melk toe. Giet het mengsel door een zeef in een schone pan en gooi de citroenschil die in de zeef achterblijft weg.
o) Verhit op middelhoog vuur en klop tot het mengsel dikker en romig wordt. Haal van het vuur.
p) Doe de room in de kom met de Pistachenootpasta. Klop tot een uniform mengsel. Dek af met plasticfolie om korstvorming te voorkomen en zet in de koelkast.

q) Wanneer de room een temperatuur van 40°C (104°F) heeft bereikt, voeg dan geleidelijk de zachte boter toe en meng goed. Dek af met plasticfolie en zet in de koelkast.

SHOUXGEBAK:
r) Zeef de bloem en zet het opzij.
s) Voeg in een pan boter, melk, water, suiker en zout toe. Verhit op middelhoog tot de boter smelt en het mengsel aan de kook komt.
t) Haal van het vuur, voeg onmiddellijk de bloem in één keer toe en meng goed tot een uniform mengsel ontstaat dat lijkt op aardberoeppuree. Dit is de panademix.
u) Droog de panade ongeveer een minuut op laag vuur, al roerend met een spatel, totdat deze zich begint terug te trekken van de zijkanten van de pan en stolt.
v) Doe de panade in een mengkom en laat hem iets afkoelen. Klop de eieren in een aparte kom en voeg ze geleidelijk toe aan de mixer, wachtend tot elke toevoeging is gecombineerd voordat je er meer toevoegt.
w) Meng op lage tot gemiddelde snelheid tot het beslag glad, glanzend en stabiel is.
x) Verwarm de oven voor op 250°C. Bekleed een bakplaat met bakpapier of een dun laagje boter.
y) Spuit 12 cm lange reepjes beslag op de bakplaat. Open de ovendeur niet tijdens het bakken.
z) Open na 15 minuten de ovendeur een stukje (ongeveer 1 cm) om stoom te laten ontsnappen. Sluit het en stel de temperatuur in op 170°C (340°F). Bak 20-25 minuten tot de éclairs bruin zijn.
aa) Herhaal met het resterende beslag.

PISTACHENOOT MARSEPEIN:
bb) Snijd de marsepein in blokjes en meng met een platte klopper tot het zacht en homogeen is. Voeg Pistachenootpasta en groene kleurstof (indien gewenst) toe en meng tot een uniform mengsel.
cc) Rol de marsepein uit tot een dikte van 2 mm en snij reepjes op maat van de éclairs.

MONTAGE:
dd) Snij twee kleine gaatjes in de bodem van elke éclair.
ee) Vul elke éclair via de gaatjes met de Pistachenoot-citroencrème.
ff) Bestrijk een kant van elk marsepeinen reepje met wat glazuur en plak dit op de éclairs.

gg) Doop elke éclair in het glazuur, zodat het overtollige glazuur eraf kan druipen.
hh) Versier met gekonfijte citroenschijfjes of gehakte Pistachenootnoten.
ii) Koel tot klaar om te serveren.

6.Verlichting met roze spiegelglazuur

INGREDIËNTEN:
VOOR SHOUXGEBAK:
- 8 ons water
- 4 ons ongezouten boter
- ½ theelepel koosjer zout
- 1 eetlepel kristalsuiker
- 5 ons gezeefd broodmeel (of bloem voor alle doeleinden)
- 1 theelepel vanille-extract
- 8 ons eieren (ongeveer 4 grote eieren)
- Roze gelvoedselkleuring

VOOR ECLAIR-VULLING:
- Vanille banketbakkersroom (je kunt een kant-en-klaar mengsel gebruiken)

VOOR ROZE SPIEGELGLAZUUR:
- 12 ons witte chocoladestukjes
- 6 ons zware room
- Roze gelvoedselkleuring

VOOR DECORATIE:
- Kokosschaafsel
- Verse frambozen

INSTRUCTIES:
BEREIDING VAN HET SHOUXGEBAK:
a) Meng in een pan water, ongezouten boter, koosjer zout en witte kristalsuiker. Verhit op middelhoog vuur tot het mengsel aan de kook komt en de boter volledig is gesmolten.

b) Zet het vuur laag en voeg het gezeefde broodmeel (of bloem voor alle doeleinden) in één keer toe. Roer krachtig met een houten lepel tot het deeg een bal vormt en van de zijkanten van de pan loslaat.

c) Haal van het vuur en laat het een paar minuten afkoelen.

d) Voeg geleidelijk de eieren toe, één voor één, en meng goed na elke toevoeging. Zorg ervoor dat elk ei volledig is opgenomen voordat je het volgende toevoegt.

e) Roer het vanille-extract en een paar druppels roze gelvoedselkleuring erdoor om de gewenste roze kleur te verkrijgen.

PIJP EN BAK DE VERLICHTING:
f) Verwarm uw oven voor op 190°C (375°F) en bekleed een bakplaat met bakpapier.

g) Doe het soezendeegdeeg in een spuitzak met een grote ronde punt.
h) Spuit éclairvormpjes op het perkamentpapier en laat er wat ruimte tussen.
i) Bak in de voorverwarmde oven gedurende ongeveer 25-30 minuten, of totdat de Verlichting goudbruin zijn en opgezwollen.
j) Haal ze uit de oven en laat ze volledig afkoelen.

VUL DE VERLICHTING:
k) Zodra de Verlichting zijn afgekoeld, snijdt u ze horizontaal open.
l) Vul elke eclair met vanillebanketbakkersroom met behulp van een spuitzak of een lepel.

BEREIDING VAN DE ROZE SPIEGELGLAZUUR:
m) Combineer witte chocoladestukjes en slagroom in een magnetronbestendige kom. Magnetron met intervallen van 30 seconden, roer na elk interval, totdat het mengsel glad is en de chocolade volledig is gesmolten.
n) Roer de roze gelvoedselkleuring erdoor tot je de gewenste roze tint hebt bereikt.

GLAZUURN DE VERLICHTING:
o) Dompel de bovenkant van elke eclair in het roze spiegelglazuur, zodat overtollig glazuur eraf kan druipen.
p) Plaats de geglazuurde Verlichting op een rooster om op te stijven.
q) Terwijl het glazuur nog enigszins plakkerig is, strooit u kokosschaafsel over de Verlichting.
r) Leg op elke eclair een verse framboos.
s) Laat het glazuur volledig uitharden voordat u het serveert. Geniet van je heerlijke Verlichting met Pink Spiegel Glazuur!

TARTE TATIN

7. Tarte tatin van beroep en rozijn

INGREDIËNTEN:
- 2 eetlepels Boter
- 3 eetlepels Rum
- 1 kop Gemengde rozijnen en krenten
- 2 pond Med-beroeps
- 17 ons pakket bevroren bladerdeeg
- ¼ kopje Plus 2 eetlepels witte suiker
- Oven: 400F

INSTRUCTIES:
a) Schil de beroeps, verwijder het klokhuis en snijd ze in achtsten. Vul een kom, groot genoeg om een gietijzeren koekenpan van 23 cm in te plaatsen, met ijsblokjes en vul deze aan met water. Smelt de boter in een gietijzeren koekenpan van 25 cm op middelhoog vuur. Voeg suiker toe.

b) Roer tot het bruin en net gekarameliseerd is. Plaats de braadpan in ijswater om uit te harden en plaats deze vervolgens op een koelrek. Oven instellen. Doe de rozijnen en krenten in een kom. Voeg rum toe en bedek met heet water. Giet af na ongeveer 5 minuten.

c) Strooi een derde van de rozijnen en krenten over de karamel. Leg de beroepschijfjes met de ronde kant naar beneden en zo dicht mogelijk bij elkaar, in een cirkelvormig patroon. Bestrooi met de resterende rozijnen en krenten.

d) Snijd het deeg 2 centimeter groter dan een koekenpan. Leg het deeg erop en stop de zijkanten en onder de rand van de buitenste rij beroeps naar beneden. Bak gedurende 30 minuten en stort het dan op een sierbord terwijl het nog heet is.

e) Serveer terwijl het nog warm is met vers slagroom.

8.Tarte Tatin van esdoorn-peer

INGREDIËNTEN

- ½ (17,3 ounce) pakket bevroren bladerdeeg, ontdooid
- ¼ kopje boter
- ⅓ kopje bruine suiker
- ¼ theelepel gemalen kaneel
- 1 snufje gemalen nootmuskaat
- ¼ kopje ahornsiroop
- 4 middelharde peren - geschild, klokhuis verwijderd en gehalveerd

INSTRUCTIES s

a) Verwarm de oven voor op 375 graden F (190 graden C).
b) Rol bladerdeeg uit op een licht met bloem bestoven oppervlak tot een dikte van 1/4 inch; plaats in de koelkast.
c) Smelt boter in een 9-inch gietijzeren koekenpan op middelhoog vuur; Roer de bruine suiker, kaneel en nootmuskaat erdoor en kook en roer tot de suiker oplost, ongeveer 5 minuten. Roeren
d) ahornsiroop in mengsel van bruine suiker; kook al roerend tot het mengsel begint te borrelen.
e) Haal de koekenpan van het vuur.
f) Plaats een perenhelft, met de snijzijde naar boven, in het midden van de koekenpan. Snijd de resterende perenhelften in
g) nog eens de helft; Schik de perenkwarten rond de middelste peer, met de zijkanten naar boven. Zet de koekenpan op middelhoog vuur; kook de peren, bedruip ze met het siroopmengsel, tot ze zacht beginnen te worden, ongeveer 5 minuten. Haal de koekenpan van het vuur.
h) Haal bladerdeeg uit de koelkast; Plaats het deeg over de peren en stop de randen van het deeg rond de peren in de koekenpan.
i) Bak in de voorverwarmde oven tot het deeg gepoft en goudbruin is, ongeveer 20 minuten; laat 5 minuten afkoelen. Plaats een serveerschaal over de koekenpan; omkeren om de taart te verwijderen (de koekepan zal nog heet zijn). Serveer warm.

9.Tarte tatin van cranberry-beroep

INGREDIËNTEN:
- 1 portie Pate Sucree (recept inbegrepen)
- 5 grote beroeps (ongeveer 2 1/2 pond)
- Sap van één citroen
- 4 eetlepels boter
- 3/4 kop plus 1 eetlepel suiker
- 1/3 kopje veenbessen (optioneel)

INSTRUCTIES:

a) Begin met het bereiden van het deeg. Vorm het tot een schijf van 5 inch, wikkel het in plastic en bewaar het gedurende minimaal een uur of maximaal drie dagen in de koelkast.

b) Haal het deeg uit de koelkast en rol het op een licht met bloem bestoven oppervlak uit tot een cirkel van 30 cm. Verwijder eventueel overtollig meel. Plaats de ronde op een bakplaat bekleed met was- of bakpapier, bedek deze met plasticfolie en zet in de koelkast tot je hem nodig hebt.

c) Verwarm je oven voor op 400 graden Fahrenheit.

d) Schil elke beroep, verwijder het klokhuis en snijd hem doormidden. Snijd vervolgens elke helft in drie delen en schep de beroepschijfjes door het citroensap. Zet ze opzij.

e) Smelt de boter, de suiker en 1/4 theelepel citroensap in een ovenvaste koekenpan, ongeveer 25 cm breed aan de bovenkant. (Zorg ervoor dat de koekenpan ovenvaste handgrepen heeft.) Roer het mengsel totdat het een lichte karamelkleur krijgt. Pas op dat u het vlees niet te gaar maakt, want het zal nog donkerder worden door de restwarmte in de pan. Haal van het vuur.

f) Schik de beroepschijfjes met de ronde kant naar beneden, vorm een cirkel rond de koekenpan en plaats enkele in het midden. Verdeel de cranberries tussen de plakjes. Je hebt genoeg plakjes om ze twee keer diep te stapelen.

g) Haal het deeg uit de koelkast en centreer het boven de koekenpan. Gebruik een schaar om de cirkel zo af te knippen dat deze rondom een halve centimeter overhangt.

h) Steek de rand van het deeg voorzichtig tussen de beroeps en de koekenpan. Bestrijk het deeg lichtjes met koud water en bestrooi het met 1 eetlepel suiker.

i) Bak ongeveer 40 minuten of tot het deeg goudbruin kleurt.

j) Haal de koekenpan uit de oven en laat hem 5 minuten op een koelrek staan.
k) Plaats een serveerschaal over de koekenpan en keer de taart voorzichtig om op het bord. (Vergeet niet om een pannenlap te gebruiken om uw hand te beschermen tegen het handvat van de koekenpan.)
l) Serveer je cranberry-beroeptarte tatin met gemberslagroom. Genieten!

10. Herfsttaart Tatin met gemberpeer

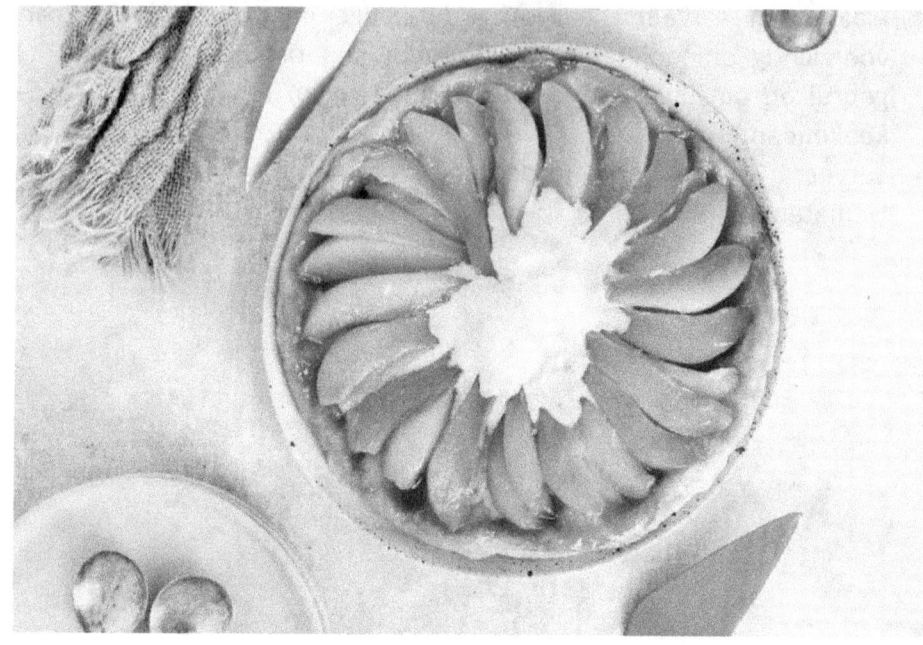

INGREDIËNTEN:
- 2 kopjes suiker (verdeeld) plus een extra 1/3 kopje
- 8 stevige rijpe peren (Bosc of Comice)
- 1 kopje boter, in 16 stukken gesneden
- 3 eetlepels geschilde verse gember, fijngehakt
- 1 ongebakken taartschaal (10 of 11 inch)
- Creme Fraiche of zure room (optioneel)

INSTRUCTIES:
a) Meng in een middelgrote pan met een zware bodem 2 kopjes suiker en 1 kopje water. Roer om te combineren. Zet de pan op hoog vuur, breng hem aan de kook en kook 15 tot 20 minuten tot het mengsel van kleur begint te veranderen. Het mengsel moet een donkere mahoniekleur bereiken; zorg ervoor dat het niet verbrandt. Giet dit mengsel voorzichtig in een Glazuurn taartplaat van 25 cm, waarbij u de pan kantelt en draait om ervoor te zorgen dat alle zijden en de bodem goed bedekt zijn. Zet het opzij.

b) Schil de peren, verwijder het klokhuis en halveer ze. Plaats 8 perenhelften in de taartvorm in een concentrische cirkel, met de snijkant naar boven, met de ronde perenbasis naar buiten gericht, waardoor een patroon ontstaat dat lijkt op de spaken van een wiel. Vul het midden met decoratieve stukjes peer.

c) Meng in een kleine kom de resterende 1/3 kop suiker en gehakte gember. Strooi de helft van de gembersuiker over de perenlaag, gevolgd door de helft van de stukjes boter.

d) Snijd de overige 8 perenhelften grof en verdeel ze gelijkmatig over de eerste laag. Strooi de resterende boter en suiker erover.

e) Centreer de taartbodemcirkel over de taartplaat, zorg voor een overhang van minimaal 1 inch en snij eventuele oneffen randen weg. Vouw de overhangende korst onder de bovenste cirkel van korst en plooi of knijp de rand indien gewenst. Snijd drie ventilatieopeningen van 1 inch in de korst.

f) Bak de taart in het midden van een bakplaat met randen of in een ronde pizzavorm op 200°C gedurende 40 minuten of tot de korst erg knapperig wordt.

g) Haal de taart uit de oven en plaats hem op een koelrek. Laat het 5 minuten staan.

h) Keer een hittebestendig, diep serveerbord om op de taartbodem. Keer de taart voorzichtig om (wees voorzichtig, want er kan heet sap uitlekken). Laat de taartplaat op de taart rusten, zodat de karamel op de bodem van de schaal loskomt en de peren bedekt. Verwijder de taartplaat.
i) Serveer de taart met de karamelsaus die zich ophoopt in het serveerbord. Indien gewenst kunt u ook Creme Fraiche of zure room toevoegen.
j) Geniet van je heerlijke Fall Gingered Pear Tart Tatin!

11. Perzik Tatin

INGREDIËNTEN:
- 450 gram bladerdeeg
- 2 eetlepels ongezouten boter
- 125 gram basterdsuiker
- Ongeveer 6-7 perziken, gehalveerd
- 125 gram pecannoten
- 100 milliliter ahornsiroop
- 1 eierwas (dooier, niet het eiwit)
- Poedersuiker en muntblaadjes ter decoratie
- Meel om te bestuiven

INSTRUCTIES:
a) Verwarm de oven voor op 220°C (400°F) of gasstand 6.
b) Smelt de boter en de suiker in een pan met een dikke bodem, zodat de suiker kan karamelliseren totdat deze een goudbruine kleur krijgt.
c) Halveer de perziken voorzichtig en verwijder de pitjes.
d) Voeg de gehalveerde perziken voorzichtig toe aan de gekarameliseerde suiker en zorg ervoor dat u zich niet verbrandt. Leg de perziken met de gesneden kant naar boven. Ga door met het schikken van de perziken in de pan en vul eventuele gaten op, totdat ze de hoogte van de pan bereiken.
e) Combineer de gemalen pecannoten en ahornsiroop.
f) Rol het bladerdeeg uit in twee schijven, elk met een diameter van 25-23 cm.
g) Schep het mengsel van gemalen noten en ahornsiroop op een van de deegschijven en laat ongeveer 2,5 cm ruimte rond de randen.
h) Bevochtig de rand van het deeg met het eierwasmiddel en plaats de tweede deegschijf erop, waarbij u het notenmengsel binnenin afsluit.
i) Plaats het deeg voorzichtig over de perziken en stop het eventuele overhangende gedeelte voorzichtig in.
j) Zet de pan in de voorverwarmde oven en bak ongeveer 40 minuten, of tot het deeg goudbruin en knapperig is.
k) Als je klaar bent, haal je de pan uit de oven en laat je hem een paar minuten afkoelen.
l) Keer de perziktatin om op een serveerbord (wees voorzichtig, want de karamel kan heet en plakkerig zijn).
m) Versier eventueel met poedersuiker en muntblaadjes.
n) Geniet van je verrukkelijke Peach Tatin!

12. Ananas Tarte Tatin

INGREDIËNTEN:
- 1 middelrijpe ananas
- 110 gram basterdsuiker (4 oz)
- 55 gram boter (2 oz)
- 340 gram kant-en-klaar bladerdeeg (12 oz)
- Crème fraîche om te serveren

INSTRUCTIES:
a) Verwarm de oven voor op 200°C (400°F) of gasstand 6.
b) Begin met het bereiden van de ananas. Snijd de boven- en onderkant van de ananas af. Verwijder met een klein, scherp mes de schil en snijd voorzichtig de "ogen" van de ananas uit. Snijd de ananas verticaal doormidden en verwijder de kern. Snijd de ananas vervolgens in plakjes van 2,5 cm dik.
c) Plaats de door u gekozen ovenbestendige schaal op het fornuis en voeg de suiker toe. Giet er 4 eetlepels water bij en verwarm tot de suiker is opgelost. Laat het zachtjes koken tot de suiker begint te karameliseren. Zet het vuur lager en voeg de boter toe. Als het mengsel dik en korrelig wordt, voeg dan wat meer water toe en verwarm tot het glad wordt.
d) Schik de ananasschijfjes in de schaal en snij ze eventueel door, zodat ze passen. Laat 5-10 minuten sudderen. Houd het mengsel goed in de gaten om te voorkomen dat de saus verbrandt.
e) Rol het bladerdeeg uit en snijd een cirkel uit die ongeveer 1 cm groter is dan de pan. Leg het deeg over de ananas en stop de randen naar binnen. Breng het gerecht vervolgens naar de oven.
f) Bak ongeveer 30 minuten of tot het deeg gerezen is en een goudbruine kleur heeft gekregen.
g) Haal de schaal uit de oven, laat hem een paar minuten rusten en keer hem dan voorzichtig om op een serveerschaal. Laat de pan nog 2-3 minuten op zijn plaats staan, zodat de karamel kan bezinken. Als een deel van het fruit is verschoven, verplaatst u het opnieuw.
h) Serveer de ananastarte tatin warm met een klodder crème fraîche.
i) Geniet van je heerlijke Ananas Tarte Tatin!

MADELEINES

13. Earl Grey en Yoghurt Madeleines

INGREDIËNTEN:
- 75 g ongezouten boter, plus extra voor het invetten van de vorm
- 1 theelepel losse Earl Grey theeblaadjes
- 1 ei
- 1 theelepel vloeibare honing
- 75 g kristalsuiker
- 100 g gewone bloem
- 1 theelepel bakpoeder
- 2 eetlepels natuurlijke yoghurt
- Fijn geraspte schil van 1 citroen
- Poedersuiker, om te bestuiven

INSTRUCTIES:
a) Verwarm de oven voor op 220°C/200°C hetelucht/gasstand 7. Vet een madeleinevorm met 12 gaten rijkelijk in met boter.
b) Meng in een magnetronbestendige kom de 75 g boter en de losse Earl Grey-theeblaadjes. Magnetron gedurende 15-20 seconden of tot de boter is gesmolten. Laat het 10 minuten staan om de theesmaak te laten trekken.
c) Gebruik een elektrische garde om het ei, de honing en de suiker ongeveer 1 minuut samen te kloppen totdat het mengsel bleek en luchtig wordt.
d) Zeef de gewone bloem en het bakpoeder door het eimengsel. Voeg een snufje zout toe. Roer de gesmolten boter erdoor met de theeblaadjes, zorg ervoor dat de theesmaak goed opgenomen wordt.
e) Meng de natuurlijke yoghurt en de fijn geraspte schil van de citroen erdoor.
f) Verdeel het beslag gelijkmatig in de voorbereide madeleinevorm. Afhankelijk van de grootte van je blik krijg je mogelijk meer dan 12 madeleines. Bak dan het resterende beslag na de eerste batch.
g) Bak in de voorverwarmde oven gedurende 8-10 minuten, of tot de madeleines goudbruin zijn en opgezwollen zijn.
h) Laat ze een paar minuten afkoelen en leg ze dan voorzichtig op een rooster.
i) Bestrooi de warme madeleines met een beetje poedersuiker.
j) Geniet van je versgebakken Earl Grey en Yoghurt Madeleines terwijl ze nog warm zijn, vergezeld van een kopje thee voor de perfecte theetijdtraktatie.

14. Madeleines met frambozen en limoen

INGREDIËNTEN:
- 150 g ongezouten boter, gesmolten en licht gekoeld, plus extra om in te vetten
- 125 g bloem, gezeefd, plus extra om te bestuiven
- 2 grote eieren
- 150 g kristalsuiker
- 1 theelepel vanille-extract
- 1 theelepel fijn geraspte limoenschil, plus extra om te serveren
- 1 snufje zout
- 140 gram frambozen
- Poedersuiker om te bestuiven

INSTRUCTIES:
a) Verwarm de oven voor op 190°C (170° hetelucht) gasstand 5. Vet twee Madeleine-vormpjes met 12 gaten in met een beetje boter. Bestrooi licht met bloem en gooi het overtollige eruit.
b) Klop met een elektrische mixer de eieren en de suiker in een grote mengkom in 2-3 minuten bleek en dik.
c) Voeg het vanille-extract, de limoenschil en het zout toe en klop goed om het op te nemen.
d) Spatel de gezeefde bloem erdoor en roer er geleidelijk de gesmolten, afgekoelde boter door tot het volledig is opgenomen en het beslag glad is.
e) Schep ongeveer 1 eetlepel beslag in elk gaatje van de vormpjes.
f) Bestrijk het beslag met frambozen.
g) Bak ongeveer 15 minuten tot ze goudbruin en gepoft zijn.
h) Verwijder de mallen op roosters om 5 minuten af te koelen.
i) Haal de frambozenmadeleines voorzichtig uit de vormpjes en garneer ze voor het serveren met poedersuiker en wat limoenschil. Genieten!

15. Bananenmadeleines

INGREDIËNTEN:
- 3 superrijpe bananen
- ½ kopje kokosolie
- 1 kopje witte suiker
- 1 groot ei
- 2 kopjes All-purpose Flour
- ½ theelepel zout
- 1 theelepel zuiveringszout
- ½ theelepel vanille-extract
- ½ theelepel gemalen kaneel

INSTRUCTIES:

a) Verwarm de oven voor op 175°C. Vet een madeleinevormpan in met kokosolie.

b) Pureer de superrijpe bananen in een mengkom met een vork tot een gladde massa.

c) Klop in een aparte kom de kokosolie, witte suiker, vanille-extract en ei tot alles goed gemengd en romig is.

d) Voeg de geprakte bananen toe aan de natte ingrediënten en meng tot ze zijn opgenomen.

e) Klop in een andere kom de bloem, het zout, het zuiveringszout en de gemalen kaneel door elkaar.

f) Voeg geleidelijk het droge bloemmengsel toe aan het natte bananenmengsel en roer tot het beslag helemaal glad is en er geen klontjes meer achterblijven.

g) Schep het beslag in elke vorm van de ingevette madeleinevorm en vul elke vorm voor ongeveer driekwart.

h) Bak de bananenmadeleines ongeveer 10 minuten in de voorverwarmde oven, of totdat een tandenstoker die je in het midden van de madeleine steekt er schoon uitkomt. Elke madeleine zou een kleine bult moeten hebben die vanuit het midden omhoog komt.

i) Haal de madeleines uit de oven en laat ze een paar minuten afkoelen in de pan. Haal ze vervolgens voorzichtig uit de vormpjes en leg ze op een rooster om volledig af te koelen.

j) Geniet van de heerlijke en vochtige bananenmadeleines als heerlijke traktatie voor het ontbijt, tussendoortje of wanneer je zin hebt in een bakproduct met bananensmaak en een vleugje kaneel. Deze kleine lekkernijen zullen zeker vreugde brengen aan uw smaakpapillen!

16. Madeleines met citroen en bosbessen

INGREDIËNTEN:
- 115 g gezouten boter
- 130 g bloem voor alle doeleinden
- ½ theelepel bakpoeder
- 3 grote eieren, op kamertemperatuur
- 120 g fijne suiker
- 1 theelepel puur vanille-extract
- 1 theelepel vers geraspte citroenschil
- ½ kopje bosbessen

INSTRUCTIES:
a) Smelt de boter in de magnetron en zet hem opzij.
b) Zeef de bloem en het bakpoeder in een kleine kom en zet dit opzij.
c) Klop met een mixer de eieren en de suiker op hoge snelheid tot het mengsel dik en bleek is.
d) Klop het vanille-extract en de citroenschil erdoor.
e) Voeg ongeveer een derde van de bloem toe aan de opgeklopte eieren en spatel het voorzichtig erdoor met een rubberen spatel.
f) Vouw de helft van de resterende bloem erdoor en vouw vervolgens de rest erdoor. Pas op dat u niet te lang mengt, omdat het beslag daardoor kan leeglopen.
g) Spatel geleidelijk de gesmolten boter erdoor.
h) Als de tijd het toelaat, dek het beslag dan af en laat het minimaal 3 uur of bij voorkeur een hele nacht in de koelkast staan. Als dat niet het geval is, kunt u bakken zonder koeling.
i) Verwarm uw oven voor op 190°C.
j) Vet de vormpjes van twee Madeleine-pannen royaal in met boter.
k) Zet de pannen in de koelkast tot de boter hard wordt (ongeveer 10 minuten).
l) Laat een royale eetlepel beslag in het midden van elke voorbereide vorm vallen.
m) Beleg elke Madeleine met een paar bosbessen.
n) Bak de Madeleines ongeveer 10-15 minuten, of tot de randen goudbruin zijn.
o) Haal de Madeleines uit de vormpjes en laat ze afkoelen op een rooster.
p) Geniet van deze heerlijke madeleines met citroen en bosbessen als een perfecte traktatie voor bij de thee of als dessert!

17. Chocoladebrownie Madeleines

INGREDIËNTEN:
- 1 ei
- ¼ kopje suiker
- 1 theelepel vanille
- ¼ theelepel muntextract (optioneel)
- ⅓ kopje bloem voor alle doeleinden
- 2 eetlepels cacaopoeder
- ¼ theelepel bakpoeder
- ¼ kopje halfzoete chocoladestukjes
- ¼ kopje boter + ½ eetlepel voor de pan

GANACHE:
- 2 eetlepels room
- 2 eetlepels chocoladestukjes
- Optionele garnering

INSTRUCTIES:

a) Klop met een garde het ei en de suiker gedurende 8 minuten op de hoogste stand. Het mengsel wordt bleek en dikker terwijl het klopt. Na 8 minuten het extract(en) erdoor kloppen tot het is opgenomen.

b) Klop in een aparte kom de bloem, cacao en bakpoeder samen. Spatel de helft van het bloemmengsel voorzichtig door het eimengsel. Als dat grotendeels is gecombineerd, vouw dan voorzichtig het resterende bloemmengsel erdoor om het leeglopen te minimaliseren.

c) Verwarm of magnetron de 4 eetlepels boter en chocoladestukjes in uitbarstingen van 10-20 seconden, roer tussendoor, tot ze gesmolten maar niet heet zijn. Roer ongeveer ¼ kopje beslag door de gesmolten boter en meng tot alles goed gemengd is (dit loopt leeg). Giet het botermengsel bij het resterende beslag en roer voorzichtig tot het gemengd is, zodat het zo min mogelijk leegloopt. Maak je geen zorgen als de zijkanten van de pan nog steeds een beetje chocoladeachtig zijn.

d) Dek het beslag af en zet het 30-60 minuten in de koelkast (of ongeveer 5 minuten in de vriezer). Een langere koeltijd kan ervoor zorgen dat de boter stolt, wat resulteert in minder luchtige madeleines.

e) Verwarm uw oven voor op 175°C. Smelt de resterende ½ eetlepel boter en bestrijk de madeleinepan er lichtjes mee, ook als je een pan met antiaanbaklaag hebt. Hierdoor ontstaat een knapperiger, "gebruind boter" uiterlijk.

f) Haal het beslag uit de koelkast. Schep voorzichtig een ronde eetlepel beslag in het midden van elk putje. Er zou genoeg moeten zijn voor alle 12 putjes, en het beslag zal zich tijdens het koken verspreiden.

g) Bak de madeleines gedurende 10-12 minuten; draai de pan halverwege als de oven ongelijkmatig opwarmt. De madeleines zijn gaar als de bovenkant terugveert nadat je er lichtjes met je vinger op hebt gedrukt. Laat het kort afkoelen en draai de pan dan om op het aanrecht. Leg de warme madeleines op een rooster om licht af te koelen (als u ze op een bord legt, kunnen ze gaan plakken).

h) Om de ganache te bereiden, zet je de room en de chocoladestukjes in de magnetron in uitbarstingen van 10-20 seconden, terwijl je tussendoor roert, tot ze gesmolten en "kwastbaar" zijn. Strijk de ganache lichtjes over de madeleines in de lengte (in de richting van de ribbels) voor het mooiste effect. Verwarm de ganache kort als deze te dik wordt om te kunnen bestrijken. Bestrooi desgewenst het ene uiteinde van elke madeleine met pepermuntsnoepjes, muskusschelpen of chocoladejimmies.

CROISSANTEN

18. Mini-amandelcroissants

INGREDIËNTEN:
- 6 mini-croissants
- ½ kopje amandelspijs
- ¼ kopje ongezouten boter, verzacht
- ¼ kopje poedersuiker
- ½ theelepel amandelextract
- Gesneden amandelen voor de topping
- Poedersuiker om te bestuiven (optioneel)

INSTRUCTIES:

a) Verwarm de oven voor op 175°C.

b) Snijd de mini-croissants in de lengte doormidden.

c) Meng in een kom de amandelspijs, de zachte boter, de poedersuiker en het amandelextract tot alles goed gemengd en glad is.

d) Verdeel een royale hoeveelheid van het amandelspijsmengsel op de onderste helft van elke croissant.

e) Plaats de bovenste helft van de croissant terug op de vulling.

f) Strooi gesneden amandelen over de bovenkant van elke croissant.

g) Leg de croissants op een bakplaat bekleed met bakpapier.

h) Bak in de voorverwarmde oven gedurende 10-12 minuten, of tot de croissants goudbruin en knapperig zijn.

i) Haal ze uit de oven en laat ze iets afkoelen.

j) Eventueel bestrooien met poedersuiker.

k) Serveer deze heerlijke mini-amandelcroissants als een smakelijke en nootachtige gebakjetraktatie.

19. Hibiscuscroissants

INGREDIËNTEN:
- Basis croissantdeeg
- ¼ kopje gedroogde hibiscusbloemen
- ¼ kopje suiker
- 1 ei losgeklopt met 1 eetlepel water

INSTRUCTIES:
a) Rol het croissantdeeg uit tot een grote rechthoek.
b) Snijd het deeg in driehoeken.
c) Meng de gedroogde hibiscusbloemen en suiker in een mengkom.
d) Strooi het hibiscussuikermengsel op de onderste helft van elke croissant.
e) Plaats de bovenste helft van de croissant terug en druk zachtjes aan.
f) Leg de croissants op een met bakpapier beklede bakplaat, bestrijk ze met ei en laat ze 1 uur rijzen.
g) Verwarm de oven voor op 200 °C en bak de croissants in 20-25 minuten goudbruin.

20. Cranberry- en sinaasberoepcroissants

INGREDIËNTEN:
- 1 vel bladerdeeg, ontdooid
- ¼ kopje cranberrysaus
- ¼ kopje sinaasberoepmarmelade
- ¼ kopje geschaafde amandelen
- 1 ei, losgeklopt
- Poedersuiker, om te bestuiven

INSTRUCTIES:
a) Verwarm uw oven voor op 190°C.
b) Rol het bladerdeeg op een licht met bloem bestoven oppervlak uit tot een grote rechthoek. Snij het deeg in 4 gelijke driehoeken.
c) Meng in een mengkom de cranberrysaus, sinaasberoepmarmelade en geschaafde amandelen.
d) Verdeel een eetlepel van het mengsel op het breedste deel van elke driehoek. Rol de croissants vanaf het breedste uiteinde naar de punt toe.
e) Leg de croissants op een met bakpapier beklede bakplaat en bestrijk ze met het losgeklopte ei.
f) Bak gedurende 15-20 minuten, tot de croissants goudbruin en knapperig zijn.
g) Bestrooi voor het serveren met poedersuiker.

21. Ananascroissants

INGREDIËNTEN:
- 1 vel bladerdeeg, ontdooid
- 1 blikje gemalen ananas, uitgelekt
- ¼ kopje bruine suiker
- ¼ kopje ongezouten boter, gesmolten
- 1 ei, losgeklopt
- Poedersuiker, om te bestuiven

INSTRUCTIES:
a) Verwarm uw oven voor op 190°C.
b) Rol het bladerdeeg op een licht met bloem bestoven oppervlak uit tot een grote rechthoek. Snij het deeg in 4 gelijke driehoeken.
c) Meng in een mengkom de gemalen ananas, bruine suiker en gesmolten boter.
d) Verdeel een eetlepel van het ananasmengsel op het breedste deel van elke driehoek. Rol de croissants vanaf het breedste uiteinde naar de punt toe.
e) Leg de croissants op een met bakpapier beklede bakplaat en bestrijk ze met het losgeklopte ei.
f) Bak gedurende 15-20 minuten, tot de croissants goudbruin en knapperig zijn.
g) Bestrooi voor het serveren met poedersuiker.

CREME BRULEE

22. Amaretto Crème Brûlée

INGREDIËNTEN:
- 1 kopje zware room
- 1 kopje volle melk
- 4 eierdooiers
- ½ kopje kristalsuiker
- 2 eetlepels amarettolikeur
- Kristalsuiker, voor karamelliseren

INSTRUCTIES:
a) Verwarm uw oven voor op 160°C.
b) Verwarm in een pan de slagroom, volle melk en amarettolikeur op middelhoog vuur tot het begint te sudderen. Haal van het vuur.
c) Klop in een aparte kom de eierdooiers en de suiker tot alles goed gemengd is.
d) Giet het hete roommengsel langzaam bij het eigeelmengsel en blijf voortdurend kloppen.
e) Verdeel het mengsel over schaaltjes of ovenvaste schalen.
f) Plaats de schaaltjes in een ovenschaal en vul de schaal met heet water tot halverwege de zijkanten van de schaaltjes.
g) Bak ongeveer 35-40 minuten, of tot de custard stevig is maar nog steeds lichtjes beweegt in het midden.
h) Haal de schaaltjes uit het waterbad en laat ze afkoelen tot kamertemperatuur. Zet vervolgens minimaal 2 uur of een nacht in de koelkast.
i) Strooi vlak voor het serveren een dun laagje kristalsuiker over elke custard. Gebruik een keukenbrander om de suiker te karameliseren tot er een knapperig korstje ontstaat.
j) Serveer de amaretto crème brûlée en geniet van de uitgesproken smaak van amaretto in het romige dessert.

23. Crème Brûlée met rum en kokosnoot

INGREDIËNTEN:
- 2 kopjes zware room
- ½ kopje kristalsuiker
- ¼ kopje donkere rum
- ¼ kopje geraspte kokosnoot
- 6 grote eidooiers
- 1 theelepel vanille-extract
- Extra kristalsuiker voor het karameliseren

INSTRUCTIES:
a) Verwarm uw oven voor op 160°C. Zet zes schaaltjes in een ovenschaal.
b) Verwarm de slagroom en de kristalsuiker in een pan op middelhoog vuur tot het begint te koken. Haal van het vuur en roer de donkere rum, geraspte kokosnoot en vanille-extract erdoor.
c) Klop de eidooiers in een mengkom tot ze goed gemengd zijn. Giet het roommengsel langzaam bij de eidooiers en klop voortdurend.
d) Verdeel het mengsel gelijkmatig over de schaaltjes. Plaats de ovenschaal met de schaaltjes op het ovenrooster en giet voorzichtig heet water in de ovenschaal, tot ongeveer halverwege de zijkanten van de schaaltjes.
e) Bak ongeveer 35-40 minuten, of tot de randen stevig zijn, maar de middens nog steeds een beetje wiebelen.
f) Haal de schaaltjes uit het waterbad en laat ze afkoelen tot kamertemperatuur. Zet vervolgens minimaal 2 uur in de koelkast, of tot het volledig gekoeld is.
g) Wanneer u klaar bent om te serveren, strooit u een dun laagje kristalsuiker over de bovenkant van elke crème brûlée. Gebruik een keukenbrander om de suiker te karamelliseren tot er een goudbruin korstje ontstaat. Laat de suiker een paar minuten uitharden voordat u hem serveert.

24. Bourbon Vanille Crème Brûlée

INGREDIËNTEN:
- 2 kopjes zware room
- ½ kopje kristalsuiker
- ¼ kopje bourbon
- 1 vanillestokje, gespleten en geschraapt (of 1 theelepel vanille-extract)
- 6 grote eierdooiers
- Extra kristalsuiker voor het karamelliseren

INSTRUCTIES:
a) Verwarm uw oven voor op 160°C. Zet zes schaaltjes in een ovenschaal.
b) Verwarm de slagroom en de kristalsuiker in een pan op middelhoog vuur tot het begint te koken. Haal van het vuur en voeg de bourbon- en vanilleboonzaadjes (of vanille-extract) toe.
c) Klop de eidooiers in een mengkom tot ze goed gemengd zijn. Giet het roommengsel langzaam bij de eidooiers en klop voortdurend.
d) Verdeel het mengsel gelijkmatig over de schaaltjes. Plaats de ovenschaal met de schaaltjes op het ovenrooster en giet voorzichtig heet water in de ovenschaal, tot ongeveer halverwege de zijkanten van de schaaltjes.
e) Bak ongeveer 35-40 minuten, of tot de randen stevig zijn, maar de middens nog steeds een beetje wiebelen.
f) Haal de schaaltjes uit het waterbad en laat ze afkoelen tot kamertemperatuur. Zet vervolgens minimaal 2 uur in de koelkast, of tot het volledig gekoeld is.
g) Wanneer u klaar bent om te serveren, strooit u een dun laagje kristalsuiker over de bovenkant van elke crème brûlée. Gebruik een keukenbrander om de suiker te karamelliseren tot er een goudbruin korstje ontstaat. Laat de suiker een paar minuten uitharden voordat u hem serveert.

25. Kahlua Koffie Crème Brûlée

INGREDIËNTEN:
- 2 kopjes zware room
- ½ kopje kristalsuiker
- ¼ kopje Kahlua koffielikeur
- 6 grote eierdooiers
- 1 theelepel oploskoffiekorrels
- Extra kristalsuiker voor het karamelliseren

INSTRUCTIES:
a) Verwarm uw oven voor op 160°C. Zet zes schaaltjes in een ovenschaal.
b) Verwarm de slagroom en de kristalsuiker in een pan op middelhoog vuur tot het begint te koken. Haal van het vuur en roer de Kahlua-likeur en de oploskoffiekorrels erdoor tot ze zijn opgelost.
c) Klop de eidooiers in een mengkom tot ze goed gemengd zijn. Giet het roommengsel langzaam bij de eidooiers en klop voortdurend.
d) Verdeel het mengsel gelijkmatig over de schaaltjes. Plaats de ovenschaal met de schaaltjes op het ovenrooster en giet voorzichtig heet water in de ovenschaal, tot ongeveer halverwege de zijkanten van de schaaltjes.
e) Bak ongeveer 35-40 minuten, of tot de randen stevig zijn, maar de middens nog steeds een beetje wiebelen.
f) Haal de schaaltjes uit het waterbad en laat ze afkoelen tot kamertemperatuur. Zet vervolgens minimaal 2 uur in de koelkast, of tot het volledig gekoeld is.
g) Wanneer u klaar bent om te serveren, strooit u een dun laagje kristalsuiker over de bovenkant van elke crème brûlée. Gebruik een keukenbrander om de suiker te karamelliseren tot er een goudbruin korstje ontstaat. Laat de suiker een paar minuten uitharden voordat u hem serveert.

26. Grapefruitbrûlée

INGREDIËNTEN:
- 2 grapefruits
- 4 eetlepels kristalsuiker
- Een snufje zout

INSTRUCTIES

a) Verwarm de grill voor in uw oven.
b) Snijd de grapefruits doormidden en gebruik een scherp mes om het vruchtvlees van de schil los te maken.
c) Strooi een snufje zout over elke grapefruithelft.
d) Strooi een eetlepel kristalsuiker over elke grapefruithelft en verdeel het gelijkmatig.
e) Leg de grapefruithelften op een bakplaat en plaats ze ongeveer 5-7 minuten onder de grill, totdat de suiker bovenop is gekarameliseerd en goudbruin is geworden.
f) Haal de grapefruithelften uit de oven en laat ze een paar minuten afkoelen voordat je ze serveert.

27. Mango Brûlée

INGREDIËNTEN:
- 2 rijpe mango's
- 4 eetlepels kristalsuiker
- 1 theelepel vanille-extract
- 4 eetlepels bruine suiker (voor het karamelliseren van de bovenkant)

INSTRUCTIES:
a) Verwarm je oven voor op de grillstand.
b) Schil de mango's en snijd het vruchtvlees in kleine blokjes.
c) Verdeel de mangoblokjes gelijkmatig over 4 individuele schaaltjes of ovenbestendige kommen.
d) Meng in een kleine kom de kristalsuiker en het vanille-extract tot alles goed gemengd is.
e) Strooi het suikermengsel over de mangoblokjes en zorg ervoor dat elk schaaltje een gelijkmatige laag heeft.
f) Plaats de ramekins op een bakplaat en schuif ze in de oven.
g) Rooster ongeveer 5-7 minuten of tot de suiker is gesmolten en gekarameliseerd. Houd ze goed in de gaten om verbranding te voorkomen.
h) Haal de schaaltjes uit de oven en laat ze een paar minuten afkoelen.
i) Strooi ongeveer een eetlepel bruine suiker gelijkmatig over elk schaaltje.
j) Karameliseer met behulp van een keukenbrander de suiker op elke mangobrûlée tot er een gouden korst ontstaat. Als alternatief kunt u de schaaltjes een paar minuten onder de grill plaatsen totdat de suiker karameliseert.
k) Laat de Brûlée een paar minuten afkoelen voordat je hem serveert.

POT DE CRÈME

28. Citroenpotten de Creme

INGREDIËNTEN:
- 2 middelgrote citroenen
- ⅔ kopje kristalsuiker
- 1 ei
- 4 eierdooiers
- 1 ¼ kopjes zware room
- 5 theelepels banketbakkerssuiker
- 6 gekonfijte viooltjes (optioneel)

INSTRUCTIES:
a) Verwarm de oven voor op 165°C (325°F).
b) Rasp de schil van de citroenen, zodat je ongeveer 1 theelepel citroenschil krijgt. Pers de citroenen uit om ½ kopje citroensap te extraheren.
c) Klop in een mengkom de kristalsuiker, het ei en de eidooiers tot ze goed gemengd zijn.
d) Klop geleidelijk de slagroom erdoor tot de suiker volledig is opgelost.
e) Giet het mengsel door een zeef om een gladde en klontvrije vla te verkrijgen. Roer de citroenschil erdoor zodat het mengsel een citroensmaak krijgt.
f) Plaats zes ½ kopje potten de crème of souffléschotels in een diepe ovenschaal.
g) Verdeel het citroenmengsel gelijkmatig over de zes potten met crème.
h) Giet voorzichtig heet kraanwater in de ovenschaal, tot op een halve centimeter van de bovenkant van de potten. Dit waterbad zorgt ervoor dat de custards gelijkmatig koken.
i) Bak de custards, onafgedekt, in de voorverwarmde oven gedurende ongeveer 35 tot 40 minuten, of totdat ze net in het midden staan. De custards moeten in het midden een beetje wiebelen als ze zachtjes worden geschud.
j) Als u klaar bent, haalt u de potten de crème voorzichtig uit het waterbad en zet u ze opzij om volledig af te koelen.

PORTIE:
k) Bestrooi het oppervlak van elke custard vóór het serveren met banketbakkerssuiker om een zoete toets toe te voegen en de presentatie te verbeteren.
l) Garneer eventueel elke pot de creme met een gekonfijt viooltje voor een elegante en kleurrijke finishing touch.

m) Serveer de Lemon Pots de Creme gekoeld en geniet van de heerlijke citrus- en romige smaken.

29. Pruimen & Armagnac Pots de Creme

INGREDIËNTEN:
- ⅔ kopje licht verpakte ontpitte pruimen, grof gehakt
- ⅓ kopje Armagnac of cognac
- 2 kopjes volle melk
- 1 kopje slagroom
- 1 vanillestokje, in de lengte doormidden gesneden
- 6 grote eidooiers
- ½ kopje suiker

INSTRUCTIES:
a) Meng in een kleine kom de gehakte pruimen en Armagnac (of cognac). Laat het mengsel 1 uur staan zodat de smaken zich kunnen vermengen.
b) Verwarm de oven voor op 175°C.
c) Meng de volle melk en de slagroom in een zware grote pan.
d) Schraap de zaadjes uit het vanillestokje door het melkmengsel en voeg dan ook het hele vanillestokje toe.
e) Breng het melkmengsel op middelhoog vuur onder af en toe roeren aan de kook.
f) Klop in een grote kom de eierdooiers en de suiker tot alles goed gemengd is.
g) Voeg geleidelijk het hete melkmengsel toe aan het eigeelmengsel. Haal het vanillestokje uit het melkmengsel.
h) Roer de pruimen en de armagnac door het custardmengsel.
i) Schep het custardmengsel in acht souffléschaaltjes van ⅔ kopje en zorg ervoor dat de pruimen gelijkmatig verdeeld zijn.
j) Plaats de souffléschotels in een grote bakvorm.
k) Giet voldoende heet water in de bakvorm tot halverwege de zijkanten van de souffléschaaltjes. Dit waterbad zorgt ervoor dat de custards gelijkmatig koken.
l) Bak de custards ongeveer 35 minuten in de voorverwarmde oven, of tot ze gaar zijn.
m) Haal de souffléschaaltjes uit het waterbad en laat ze afkoelen.
n) Dek de custards af en zet ze in de koelkast tot ze koud zijn, wat minimaal 3 uur moet duren. Je kunt ze ook een nacht in de koelkast laten staan voor nog betere smaken.
o) Geniet van de heerlijke en rijke Prune & Armagnac Pots de Creme als heerlijk dessert!

30. Sinaasberoep Kardemom Pot de crème

INGREDIËNTEN:
- 2 kopjes zware room
- 1 theelepel gemalen kardemom
- Schil van 1 sinaasberoep
- ½ kopje kristalsuiker
- 6 grote eidooiers

INSTRUCTIES:
a) Verwarm in een pan de slagroom, gemalen kardemom en sinaasberoepschil tot het begint te sudderen. Haal van het vuur en laat het 15 minuten trekken.
b) Klop in een aparte kom de suiker en de eidooiers tot ze goed gemengd zijn.
c) Giet het doordrenkte roommengsel langzaam bij de eierdooiers terwijl u voortdurend blijft kloppen.
d) Zeef het mengsel door een fijne zeef in individuele potten met crème.
e) Bak in een waterbad op 160°C gedurende ongeveer 30 minuten, of tot de randen stevig zijn maar het midden lichtjes wiebelig is.
f) Zet het minimaal 4 uur in de koelkast voordat u het serveert.

31. Banaan Kokos Pot de crème

INGREDIËNTEN:
- 2 kopjes kokosmelk
- ½ kopje kristalsuiker
- 6 grote eierdooiers
- 1 theelepel vanille-extract
- 2 rijpe bananen, gepureerd
- Geroosterde geraspte kokosnoot ter garnering

INSTRUCTIES:
a) Verwarm de kokosmelk en de suiker in een pan tot het begint te koken.
b) Klop in een aparte kom de eierdooiers en het vanille-extract tot een gladde massa.
c) Giet het hete kokosmelkmengsel langzaam bij de eierdooiers en blijf voortdurend kloppen.
d) Roer de geprakte bananen erdoor tot alles goed gemengd is.
e) Giet het mengsel in individuele potjes de creme kopjes en zet het minimaal 3 uur in de koelkast voordat je het serveert.
f) Garneer voor het serveren met geroosterde geraspte kokosnoot.

32. Bramen-Basilicum Pot de crème

INGREDIËNTEN:
- 2 kopjes zware room
- ½ kopje kristalsuiker
- 6 grote eidooiers
- 1 kopje verse bramen
- ¼ kopje verse basilicumblaadjes, gehakt
- Bramen en basilicumblaadjes ter garnering

INSTRUCTIES:
a) Verwarm de slagroom en de suiker in een pan tot het begint te koken.
b) Roer de verse bramen en gehakte basilicumblaadjes erdoor.
c) Haal van het vuur en laat het 20 minuten trekken.
d) Pureer de met bramen en basilicum doordrenkte room in een keukenmachine of blender tot een gladde massa.
e) Klop in een aparte kom de eidooiers tot een gladde massa.
f) Giet het hete braambessen-basilicumroommengsel langzaam bij de eierdooiers terwijl u voortdurend blijft kloppen.
g) Giet het mengsel in individuele potjes de creme kopjes en zet het minimaal 3 uur in de koelkast voordat je het serveert.
h) Garneer voor het serveren met verse bramen en basilicumblaadjes.

33. Perziktijm Pot de crème

INGREDIËNTEN:
- 2 kopjes zware room
- ½ kopje kristalsuiker
- 6 grote eidooiers
- 1 theelepel vanille-extract
- 1 rijpe perzik, geschild en in blokjes gesneden
- 1 eetlepel verse tijmblaadjes

INSTRUCTIES:
a) Verwarm de slagroom en de suiker in een pan tot het begint te koken.
b) Roer de in blokjes gesneden perzik en verse tijmblaadjes erdoor.
c) Haal van het vuur en laat het 30 minuten trekken.
d) Pureer de met perzik en tijm doordrenkte room in een keukenmachine of blender tot een gladde massa.
e) Klop in een aparte kom de eierdooiers en het vanille-extract tot een gladde massa.
f) Giet het hete perzik-tijmroommengsel langzaam bij de eierdooiers terwijl u voortdurend blijft kloppen.
g) Giet het mengsel in individuele potjes de creme kopjes en zet het minimaal 4 uur in de koelkast voordat je het serveert.

KOOL À LA CRÈME

34. Aardbei Kool-broodjes

INGREDIËNTEN:
VOOR HET CRAQUELIN:
- 150 g zachte boter
- 150 g kristalsuiker
- 180 g bloem
- ½ theelepel vanille
- 1 theelepel roze voedselkleurstof

VOOR DE SHOUXBONJES:
- 1 kopje water
- ½ kopje boter, in blokjes
- 1 kopje bloem voor alle doeleinden
- 4 eieren

VOOR DE SINAASBEROEPCRÈME & AARDBEIENVULLING:
- ½ kopje melk
- ½ kopje room
- 2 eetlepels suiker
- 2 eierdooiers
- 2 eetlepels suiker
- ½ kopje in blokjes gesneden aardbeien

INSTRUCTIES:
MAAK HET CRAQUELIN:
a) Klop boter en suiker tot een bleek mengsel. Voeg vanille-essence en roze voedselkleur toe. Goed mengen. Voeg bloem toe en meng alles. Rol de pasta uit tot een dikte van 1 inch op een bakplaat en vries gedurende 30 minuten in. Knip na het afkoelen cirkels van 3 inch uit.

b) Verwarm je oven voor op 200°C en bekleed een bakplaat met bakpapier.

Maak het Koolgebakje voor de broodjes:
c) Breng water en boter aan de kook. Haal van het vuur en voeg alle bloem in één keer toe. Meng krachtig totdat er een bal ontstaat. Zet de pan op laag vuur en kook 3-5 minuten. Haal van het vuur en laat afkoelen.

d) Voeg de eieren één voor één toe en meng goed na elke toevoeging. Doe het deeg in een spuitzak en spuit bolletjes op de bakplaat.

e) Bak gedurende 10 minuten, verlaag vervolgens de temperatuur tot 165°C en bak nog eens 20 minuten tot ze bruin zijn. Open de ovendeur niet tijdens het bakken.

f) Terwijl de broodjes afkoelen, maakt u de vulling: Klop de eierdooiers en de suiker in een kom. Kook de melk en de room in een pan en voeg dan de vanille toe. Voeg langzaam het melkmengsel toe aan het eigeelmengsel en blijf voortdurend kloppen. Kook tot het bovenaan borrelt. Haal van het vuur, zeef indien nodig en laat afkoelen. Voeg de sinaasberoepschil toe en vouw de in blokjes gesneden aardbeien erdoor.
g) Vul de Koolbroodjes met de sinaasberoep- en aardbeienvulling. Serveer onmiddellijk. Geniet van je Strawberry Kool-broodjes!

35. Chocolade Kool-broodjes

INGREDIËNTEN:
VOOR HET SHOUXGEBAK:
- 50 g boter, in blokjes gesneden
- 150 ml bruisend bronwater
- 1 afgestreken eetlepel gouden basterdsuiker
- 65 g bloem, gezeefd op een vel bakpapier
- 2 middelgrote eieren, lichtgeklopt

VOOR DE VULLING:
- 284 ml kartonnen room, opgeklopt met 1 theelepel vanille-extract en 1 afgestreken theelepel suiker

VOOR DE TOPPING:
- 200 g pure chocolade, gesmolten met 75 g boter

INSTRUCTIES:
a) Smelt de boter met het water en de basterdsuiker in een pan met dikke bodem.
b) Breng aan de kook, zet het vuur uit en voeg onmiddellijk alle bloem toe.
c) Klop grondig met een houten lepel tot het mengsel een gladde bal vormt in het midden van de pan.
d) Draai de bal in een kom en laat 15 minuten afkoelen. Verwarm de oven voor op 220°C (190°C hetelucht) stand 7.
e) Klop beetje bij beetje de eieren erdoor tot het mengsel glanst.
f) Strooi water over een bakplaat met antiaanbaklaag. Schep acht grote lepels van het mengsel op de bakplaat.
g) Bak gedurende 30 minuten tot het gerezen en goudbruin is. Zet de oven uit.
h) Prik in elk broodje. Laat 10-15 minuten in de oven staan. Afkoelen op een rooster.
i) Halveer de broodjes en vul ze met room. Top met warme gesmolten chocolade. Geniet van je Kool-chocoladebroodjes!

36. Romige Geitenkaas Kool Broodjes

INGREDIËNTEN:
VOOR KOOL-BROODJES:
- 110 g gewone bloem
- 175 ml water
- ½ theelepel fijn zout
- 75 g boter, gehakt
- 3 middelgrote eieren, losgeklopt

VOOR RODE UI-RELISH:
- 2 rode uien, fijngesneden
- 2 takjes tijm, blaadjes geplukt
- 2 theelepels balsamicoazijn
- 1 theelepel zachte bruine suiker

VOOR HET VULLEN:
- 200 g zachte geitenkaas
- 100 ml slagroom of slagroom

INSTRUCTIES:

a) Verwarm de oven voor op gas 6, 200ºC, hetelucht 180ºC. Bekleed een grote bakplaat met bakpapier. Zeef de bloem op een stuk bakpapier.

b) Verhit het water, het zout en de boter in een pan tot de boter is gesmolten. Breng het aan de kook, haal het van het vuur en voeg in één keer de bloem toe. Klop krachtig met een houten lepel tot het mengsel glad is en een bal vormt.

c) Zet de pan terug op laag vuur en klop een halve minuut. Haal van het vuur en laat het iets afkoelen.

d) Klop de eieren één voor één erdoor en voeg geleidelijk het laatste ei toe tot het deeg glanzend en zacht is.

e) Spuit het deegmengsel in kleine hoopjes op het bakpapier, met voldoende afstand van elkaar.

f) Bak gedurende 20 minuten of tot het goed gerezen en goudbruin is. Prik met een scherp mes in de zijkant van elk broodje, zodat de stoom kan ontsnappen. Zet het terug in de oven gedurende 2 minuten om knapperig te worden en plaats het dan op een rooster om af te koelen.

g) Maak ondertussen de rode uiensaus: Verhit olijfolie in een grote koekenpan, voeg uien, tijm en kruiden toe en bak 15 minuten, onder regelmatig roeren. Voeg suiker en balsamicoazijn toe, kook 2-3 minuten of tot gekarameliseerd. Zet opzij om af te koelen.

h) Klop de slagroom stijf, roer er voorzichtig de geitenkaas door en breng op smaak met zwarte peper.
i) Schep voor het serveren de geitenkaasroom in een spuitzak en spuit in elk soezenbroodje een lepeltje. Schep er een lepel rode-uiensaus op en serveer onmiddellijk. Geniet van je romige geitenkaas-Koolbroodjes!

37.Craquelin Kool-broodjes

INGREDIËNTEN:
VOOR HET CRAQUELIN:
- 50 g zachte boter
- 75 g lichte muscovadosuiker
- 75 g gewone bloem (universeel)

VOOR DE SHOUXBONJES:
- 75 g boter
- 200 ml water
- 100 g sterke bloem (broodmeel)
- 3 eieren, losgeklopt

VULLING:
- 500 g beroeps, geschild, klokhuis verwijderd en in dikke plakjes gesneden
- 25 g boter
- 75 g lichte muscovadosuiker
- 2 eetlepels cognac
- 300 ml dubbele room
- 1 theelepel vanille-extract

INSTRUCTIES:
MAAK HET CRAQUELIN:
a) Klop de boter en de suiker samen tot alles goed gemengd is.
b) Voeg de bloem toe en kneed het deeg tot een zacht deeg.
c) Rol het deeg uit tussen twee vellen bakpapier tot een dikte van 3 mm.
d) Vries het deeg in.

Maak de Koolbroodjes:
e) Doe de boter en het water in een pan, verwarm zachtjes tot de boter smelt en breng aan de kook.
f) Haal van het vuur en voeg onmiddellijk de bloem toe en klop goed tot het mengsel een bal vormt.
g) Laat afkoelen.
h) Verwarm de oven voor op 200°C/400°F/gasovenstand 6.
i) Voeg de eieren geleidelijk aan de afgekoelde pasta toe en klop goed na elke toevoeging.
j) Spuit acht hoopjes soesjesdeeg op een bakplaat.
k) Knip acht schijfjes van 5 cm uit het craquelindeeg en leg deze op elk soezenbroodje.
l) Bak 20-25 minuten tot het goed gerezen en goudbruin is.

m) Haal het uit de oven en prik een klein gaatje in de zijkant van elk broodje zodat de stoom kan ontsnappen.
n) Zet terug in de oven en bak nog eens 5 minuten, doe het daarna op een rooster om volledig af te koelen.

MAAK DE VULLING:
o) Smelt de boter in een koekenpan en bak de beroeps tot ze zacht beginnen te worden.
p) Roer de muscovadosuiker en cognac erdoor, laat sudderen tot de beroeps gaar zijn en de saus dikker wordt.
q) Laat volledig afkoelen.

VERVOLLEDIGEN:
r) Klop de slagroom met het vanille-extract tot er zachte pieken ontstaan.
s) Snijd de broodjes horizontaal doormidden en verdeel het beroepmengsel ertussen.
t) Spuit of schep de slagroom erop en plaats de deksels van de broodjes terug.
u) Serveer en geniet!

SOUFFLÉS

38. Vlammende soufflé / crème anglaise

INGREDIËNTEN:
- De geraspte schil van 2 sinaasberoeps
- ⅔ kopje kristalsuiker
- Een mengkom
- 6 eierdooiers
- Een roestvrijstalen kom of pan
- ¼ kopje donkere rum of sinaasberoepsap
- Een draadzweep
- Een elektrische mixer

INSTRUCTIES:
a) Verwarm de oven voor op 375 graden.
b) Pureer de sinaasberoepschil en de suiker in een kom met een houten lepel, om zoveel mogelijk sinaasberoepolie te extraheren. Doe de eidooiers in de kom of pan.
c) Voeg geleidelijk de sinaasberoepsuiker toe en blijf kloppen tot de eierdooiers lichtgeel en dik zijn.
d) Klop de rum of het sinaasberoepsap erdoor, zet het mengsel op laag kokend water en klop het met een draadgarde (2 slagen per seconde) tot het mengsel verandert in een warme, dikke room. Dit duurt 3 tot 4 minuten en het mengsel zal dik genoeg zijn om een langzaam oplossend lint te vormen als er een beetje van de klopper valt en terug op het oppervlak valt.
e) Haal van het vuur en klop met een elektrische mixer 4 tot 5 minuten tot het koel en dik is.

39. Beroepsoufflés met gezouten karamelsaus

INGREDIËNTEN:
- Gesmolten boter om in te vetten
- 4½ cox-beroeps, geschild, klokhuis verwijderd en in vieren gesneden
- 150 g donkere muscovadosuiker
- ¾ theelepel gemalen kaneel
- 1 vanillestokje, in de lengte doormidden gesneden, zaadjes eruit geschraapt
- 3 middelgrote vrije-uitloopeieren, gescheiden
- 8-10 lange vingers
- 3 eetlepels calvados
- 75 g gouden basterdsuiker
- Poedersuiker tot stof

VOOR DE GEZOUTEN KARAMELSAUS
- 300 ml slagroom
- 1 vanillestokje, in de lengte doormidden gesneden, zaadjes eruit geschraapt
- 190 g gouden basterdsuiker
- 225 g gezouten boter, in blokjes

INSTRUCTIES:

a) Verwarm de oven op 200°C/180°C hetelucht/gasstand 6. Bestrijk de binnenkant van de schaaltjes met gesmolten boter. Doe de beroeps in een ovenschaal, bestrooi met de muscovadosuiker en kaneel, voeg de vanillezaadjes en het peultje toe en kook gedurende 45 minuten, af en toe roerend, tot ze zacht zijn.

b) Verwijder het vanillestokje, schep de beroeps en eventuele sappen in een keukenmachine en maal tot een puree. Voeg de eierdooiers toe, roer en doe ze in een mengkom. Zet de oven op 220°C/200°C hetelucht/gas 7.

c) Maak ondertussen de gezouten karamelsaus. Doe de room, het vanillezaadje en het peultje in een pan en breng aan de kook. Verhit een grote koekenpan op middelhoog vuur en voeg de 190 g gouden basterdsuiker toe, lepel voor lepel, zodat elke toevoeging kan smelten voordat je de volgende toevoegt. Laat het schuimen totdat er een diepe amberkleurige karamel ontstaat.

d) Haal het vanillestokje uit de room, giet het over de karamel en klop op middelhoog vuur tot het is opgenomen.

e) Klop de boter er stukje voor stukje door, zodat er een glanzende saus ontstaat. Blijf warm.

f) Breek de lange vingers in stukken van 1-2 cm en leg ze op de bodem van de schaaltjes.

g) Besprenkel met calvados. Zet een bakplaat in de oven om op te warmen.

h) Doe de eiwitten in een schone mengkom. Klop met een elektrische mixer tot stijve pieken, voeg dan lepel voor lepel de 75 g gouden basterdsuiker toe en klop na elke toevoeging terug tot stijve pieken, totdat alle suiker is opgenomen.

i) Meng een lepel meringue door de beroepmoes om het los te maken en vouw de puree vervolgens voorzichtig door de meringue met een grote metalen lepel in een achtvormige beweging.

j) Verdeel over de schaaltjes. Gebruik een paletmes om de bovenkant waterpas te maken en ga vervolgens met de punt van een tafelmes rond elke soufflé.

k) Zet de schaaltjes op de hete bakplaat in de oven.

l) Bak gedurende 12-15 minuten tot het gerezen en goudbruin is, maar nog steeds een beetje wiebelt in het midden.

m) Bestrooi met poedersuiker en serveer onmiddellijk met de karamelsaus.

40. Gekoelde citroensoufflé

INGREDIËNTEN:
- 4 blaadjes gelatine
- Fijn geraspte schil en sap van 3 onbespoten citroenen
- 6 middelgrote biologische eieren, gescheiden
- 300 g gouden basterdsuiker
- 425 ml slagroom

INSTRUCTIES:
a) Neem een stuk bakpapier van 24 cm, vouw het in drieën en bind het rond een soufflévorm van 1 liter met rechte zijkanten, zodat het papier 2-4 cm boven de bovenkant uitsteekt. Opzij zetten.
b) Week de gelatineblaadjes in ruim koud water en zet opzij.
c) Doe ondertussen de citroenschil en het sap, de eidooiers en de suiker in een grote hittebestendige kom. Breng een pan met water aan de kook en zet dan het vuur uit.
d) Plaats de kom boven de pan met heet water en zorg ervoor dat de bodem van de kom het water niet raakt.
e) Klop het citroenmengsel met een elektrische handgarde ongeveer 5 minuten tot het dikker en bleek van kleur is.
f) Verhit 2-3 eetlepels water in een kleine pan, zodat het net de bodem bedekt.
g) Als het heet is, knijp je het overtollige water uit de geweekte gelatine, laat je de blaadjes in de pan vallen en haal je de pan onmiddellijk van het vuur. Roer tot het is opgelost en klop het dan door het ingedikte citroenmengsel. Haal de kom uit de pan en zet opzij om volledig af te koelen.
h) Klop in een schone kom de eiwitten tot zachte pieken. Klop in een andere schone kom de slagroom tot hij zacht is ingedikt.
i) Spatel de slagroom door het citroenmengsel tot er geen sporen meer van wit over zijn, en spatel vervolgens het eiwit erdoor, opnieuw tot er geen sporen meer van wit over zijn.
j) Giet het in de voorbereide schaal en zet het minimaal 4 uur in de koelkast, of tot het stevig is geworden.
k) Om te serveren verwijdert u voorzichtig het touwtje en de papieren kraag rond de soufflé.

41. Soufflé van geroosterde peer en blauwe kaas

INGREDIËNTEN:
- Handvol gedroogd broodkruim
- 2 stevige dessertperen, 1 geschild, 1 ongeschild gelaten, in vieren gedeeld
- 50 g boter
- 2 theelepels zachte bruine suiker
- 4 verse takjes tijm, plus 2 extra
- Gerookt zout
- 1½ eetlepel gewone bloem
- 125 ml volle melk, opgewarmd
- 2 grote vrije-uitloopeieren, gescheiden
- 75 g romige blauwe kaas, verkruimeld

VOOR DE BITTERE BLAD SALADE
- 1 witlof, blaadjes gescheiden
- ½ venkelknol, in dunne plakjes gesneden
- Handvol waterkers en rucolablaadjes
- Een handvol walnoten, grof gehakt

VOOR DE KLEDING
- 1½ eetlepel extra vergine olijfolie
- 1 theelepel Dijon-mosterd
- 2 theelepels witte wijnazijn

INSTRUCTIES:
a) Strooi paneermeel in de ingevette ovenschaal en draai om zodat de binnenkant bedekt is. Verwarm de oven tot 200°C.
b) Doe alle plakjes peer in een koekenpan op hoog vuur met 25 g boter, de suiker, een scheutje water en de tijm.
c) Breng aan de kook, zet het vuur iets lager en kook gedurende 15-20 minuten of tot het zacht en gekarameliseerd is.
d) Breng op smaak met gerookt zout en gemalen zwarte peper. Zet opzij om een beetje af te koelen.
e) Verhit ondertussen de overige boter in een pan. Als het schuimt, roer je de bloem erdoor en kook je al roerend met een spatel 3-4 minuten tot het naar koekjes ruikt.
f) Haal de pan van het vuur en klop de warme melk erdoor tot een gladde massa. Laat 3-4 minuten zachtjes sudderen, roer tot het glad en dik is.
g) Haal de pan van het vuur en meng de eierdooiers en de helft van de blauwe kaas erdoor. Doe de helft van de peren in de voorbereide schaal.

h) Klop in een schone mengkom de eiwitten met een elektrische handmixer tot er middelmatige stijve pieken ontstaan.
i) Meng 1 eetlepel eiwit door het eigeelmengsel om het los te maken, en spatel vervolgens voorzichtig maar snel de rest erdoor met een metalen lepel.
j) Giet het mengsel in de schaal en bestrooi met de resterende kaas.
k) Bak gedurende 18-20 minuten tot het opgeblazen is, maar met een lichte wiebeling.
l) Meng ondertussen de salade-ingrediënten met de overgebleven peren.
m) Klop de ingrediënten voor de dressing door elkaar, sprenkel over de salade en breng op smaak met zwarte peper.
n) Serveer de soufflé onmiddellijk, bestrooid met de extra tijm, samen met de salade en eventueel wat knapperig brood.

BEIERSE ROOM

42. Chocolade Sinaasberoep Beiers

INGREDIËNTEN:
- 2 eieren
- 70 g bloem
- 70 g suiker
- 20 g boter
- 1 sinaasberoep
- 10 g gelatine
- 50 g suiker
- 25 cl slagroom
- 20 gram chocoladepoeder

INSTRUCTIES:
a) Verwarm uw oven voor op 180°C.
b) Was de sinaasberoep, snij hem in stukken en verwijder het sap. Rasp ook de schil van de sinaasberoep. Doe de gelatine in een kom met koud water om te rehydrateren.
c) Verwarm het sinaasberoepsap zachtjes in een pan. Voeg de gerehydrateerde gelatine toe aan het warme sap en roer tot het oplost. Opzij zetten.
d) Meng de eieren en suiker in een kom. Plaats dit mengsel in een dubbele boiler (au-bain-marie) en klop tot het volume verdrievoudigd is. Voeg de bloem en het chocoladepoeder toe en roer voorzichtig. Voeg als laatste de boter toe.
e) Giet het chocolademengsel in een vorm en bak het in de voorverwarmde oven gedurende 15 minuten. Eenmaal gebakken, laat het afkoelen en bewaar het dan.
f) Klop in een andere kom de koude slagroom met de 50 g suiker tot er stijve pieken ontstaan. Voeg de geraspte sinaasberoepschil toe en meng dit voorzichtig met een spatel.
g) Verdeel de slagroom over de afgekoelde chocoladetaart, zodat er een gelijkmatige laag ontstaat.
h) Werk af door de sinaasberoepgelei (het mengsel van sinaasberoepsap en gelatine) over de slagroom te gieten.
i) Plaats de geassembleerde Beierse kaas minimaal 5 uur in de koelkast voordat u deze serveert.

43. Bananen-Kokosbavarois met Karamel

INGREDIËNTEN:
VOOR DE KOKOSNOOTTAART:
- 160 g kokosolie (biologisch, biodynamisch) of boter
- 150 g Xylitol + 65 g + 20 g
- 2 eieren (vrije uitloop, biologisch, biodynamisch)
- 40 g Kokosmeel (biologisch)
- 160 g geraspte kokosnoot (biologisch)

VOOR DE BANANENKOKOSNOOTBAVAROIS:
- 350ml Kokoscrème (biologisch) + 50ml extra
- 170 ml Kokosmelk (biologisch)
- 4 Eigeel (vrije uitloop, biologisch, biodynamisch)
- 4 Bananen (sprayvrij, biologisch), gehakt
- 1 Vanilleboon (zaadjes eruit geschraapt)
- 2 bladgoudgelatineblaadjes

VOOR DE GEZOUTEN PINDAKARAMEL:
- ⅓ kopje Pindakaas (biologisch)
- 2 eetlepels Pinda's (biologisch), grof gehakt
- 100 g pure chocolade (suiker- en zuivelvrij)
- Een paar snufjes zeezout (Himalaya, Celtic, Murray River, Pink)

INSTRUCTIES:
VOOR DE KOKOSNOOTTAART:
a) Verwarm de oven voor op 170°C en vet 8 kleine ronde bakvormen (6 x 5 cm) in en bekleed ze.
b) Klop in een kom de kokosolie (of boter) en 150 g xylitol tot een gladde massa (of tot het bleek als je boter gebruikt).
c) Voeg 1 ei toe en meng tot het volledig is opgenomen.
d) Voeg het kokosmeel en de geraspte kokos toe en meng goed.
e) Voeg het laatste ei toe en meng tot alles goed gemengd is.
f) Schep gelijke hoeveelheden van het cakemengsel in elke vorm en bak gedurende 20 minuten. Verwijder en laat afkoelen.

VOOR DE BANANENKOKOSNOOTBAVAROIS:
g) Meng in een pan op middelhoog vuur 350 ml kokosroom, kokosmelk, gehakte bananen en vanille. Laat het sudderen, haal het dan van het vuur en laat het afkoelen om de smaken te laten trekken.
h) Klop in een mengkom de eierdooiers en 65 g xylitol tot een bleek mengsel.
i) Maak de gelatineblaadjes zacht in koud water.

j) Verwarm het bananenroommengsel voorzichtig opnieuw, verwijder de stukjes banaan en giet het samen met de eierdooiers in de mengkom (zorg ervoor dat het niet te heet is). Ga door met mixen.

k) Laat de gelatineblaadjes uitlekken en voeg ze toe aan het roommengsel. Klop tot het licht en schuimig is.

l) Giet gelijkmatige hoeveelheden van het bananenroommengsel over de bovenkant van de kokoscakebodems in de vormen. Leg ze op een bakplaat en zet ze een nacht in de koelkast (of vries ze in voor een ijsachtig dessert).

VOOR DE DONKERE CHOCOLADEMOET:

m) Smelt de pure chocolade boven een waterbad en voeg 50 ml kokosroom toe. Roer tot de chocolade glanzend en glad is. Sprenkel over elke bavarois.

VOOR DE GEZOUTEN PINDAKARAMEL:

n) Meng in een pan pindakaas, gehakte pinda's, de resterende 20 g xylitol en kokosolie (of boter). Roer tot het glad en glanzend is. Voeg naar smaak een paar snufjes zout toe. Haal van het vuur.

SERVEREN:

o) Haal elk dessert voorzichtig uit de vormpjes en bestrijk ze met een flinke scheut gezouten pindakaramel.

44. Bavaroistaartjes met drakenfruit

INGREDIËNTEN:
VOOR DE TAARTJES:
- 2 drakenfruit
- 4 blaadjes gelatine
- 150 ml beroepsap
- 1 limoen
- 75 gram suiker
- 250 ml slagroom
- 125 gram frambozen
- 8 eetbare bloemen (optioneel)

APPARATUUR:
- Voedsel verwerker
- 4 kookringen (7 cm)
- Hand mixer

INSTRUCTIES:
a) Snijd de drakenvrucht in de lengte doormidden en verwijder de meeste stengels van de schil, zodat de schil glad is.
b) Snijd het vruchtvlees in dunne plakjes van ongeveer 2 mm dikte.
c) Plaats de plakjes drakenfruit aan de binnenkant van de kookringen, zodat ze elk schijfje dubbel overlappen.
d) Week de gelatineblaadjes 5 minuten in koud water.
e) Doe de overgebleven drakenvruchtenpulp in een maatbeker en vul deze aan tot 300 ml met beroepsap.
f) Pers de limoen uit en voeg het sap toe aan het mengsel.
g) Voeg de suiker en het limoensap toe.
h) Pureer het mengsel met een staafmixer tot een gladde massa.
i) Giet het mengsel van drakenfruit en beroepsap in een pan en breng het aan de kook.
j) Voeg de geweekte gelatineblaadjes toe aan het mengsel en roer tot ze volledig zijn opgelost.
k) Laat het mengsel iets afkoelen en plaats het vervolgens in de koelkast tot gebruik.
l) Wanneer het drakenfruitmengsel begint te stollen, klop je de slagroom met een elektrische mixer tot een yoghurtachtige consistentie.
m) Spatel de slagroom voorzichtig door het afgekoelde drakenfruitmengsel tot alles goed gemengd is.
n) Vul de kookringen met het drakenfruitbavaroismengsel.

o) Zet de ringen afgedekt minimaal 4 uur in de koelkast, zodat de taartjes kunnen opstijven.

p) Verwijder de ringen en plaats de dragonfruitbavaroistaartjes op een serveerschaal.

q) Versier de bavaroistaartjes eventueel met verse frambozen en eetbare bloemen.

45. Passievruchtbavarois

INGREDIËNTEN:
- 18 ons melk
- ½ vanillestokje, in de lengte gespleten
- 3 middelgrote eidooiers
- 3 ons basterdsuiker
- 4 blaadjes bladgelatine
- 142 milliliter room, licht opgeklopt
- 150 gram natuurlijke Griekse yoghurt
- 6 passievruchten, zaden eruit geschept

INSTRUCTIES:
a) Doe de melk in een pannetje met het gespleten vanillestokje. Breng het bijna aan de kook, haal het van het vuur en laat het 15 minuten staan om te trekken.
b) Verwijder na 15 minuten het vanillestokje, schraap de zaadjes eruit en doe ze terug in de melk.
c) Klop in een aparte kom de eierdooiers en de suiker tot alles goed gemengd is.
d) Klop de geïnfuseerde melk door het eierdooier-suikermengsel.
e) Giet dit mengsel terug in de pan.
f) Breng het mengsel langzaam aan de kook op laag vuur, onder voortdurend roeren tot het iets dikker wordt.
g) Haal het mengsel van het vuur en giet het in een kom. Laat het afkoelen totdat het handheet is.
h) Terwijl het mengsel afkoelt, bereidt u de gelatine volgens de instructies op de verpakking en roert u deze door het mengsel.
i) Laat het mengsel volledig afkoelen en als het bijna gestold is, roer je de lichtgeklopte room, Griekse yoghurt en de zaden en het sap van 4 passievruchten erdoor.
j) Verdeel het mengsel over 6 individuele vormpjes of gebruik 1 grote vorm. Laat de vormen in de koelkast afkoelen totdat het mengsel volledig is uitgehard.
k) Om te serveren dompelt u de buitenkant van de vorm(en) kort in heet water om de bavarois los te maken, en stort u ze vervolgens op serveerschalen.
l) Serveer met een lepel passievruchtzaadjes er bovenop.
m) Geniet van uw heerlijke en verfrissende Passievruchtbavarois!

MACARONS

46. Gemarmerde Macarons met spiegelglazuur

INGREDIËNTEN:
VOOR DE MERINGUE:
- 3 grote eiwitten, op kamertemperatuur
- ¼ kopje kristalsuiker

VOOR DE DROGE INGREDIËNTEN:
- 1 ¾ kopjes poedersuiker
- 1 kopje amandelmeel
- 2 eetlepels ongezoet cacaopoeder (voor marmering)
- Gelvoedselkleuring (kleuren naar keuze)

VOOR DE GANACHEVULLING:
- ½ kopje zware room
- 6 ons (170 g) halfzoete of bitterzoete chocolade, gehakt

VOOR DE SPIEGELGLAZUUR:
- ⅔ kopje (160 ml) water
- 1 ⅓ kopjes (265 g) kristalsuiker
- 1 kopje gezoete gecondenseerde melk
- 1 ¾ kopjes witte chocoladestukjes
- Gelvoedselkleuring (kleuren naar keuze)

INSTRUCTIES:
VOOR DE MACARONS:
a) Bekleed twee bakplaten met bakpapier of siliconen bakmatten.
b) Meng in een keukenmachine poedersuiker, amandelmeel en cacaopoeder. Pulseer tot alles goed gemengd is en fijn van structuur is.
c) In een schone, droge mengkom klop je de eiwitten schuimig. Voeg geleidelijk de kristalsuiker toe terwijl je blijft kloppen. Klop tot er stijve, glanzende pieken ontstaan.
d) Meng de droge ingrediënten voorzichtig in twee of drie keer door het eiwit tot het mengsel glad en glanzend is. Wees voorzichtig en overmix niet.
e) Verdeel het beslag in aparte kommen en voeg gelvoedselkleuring toe aan elke kom, waardoor de gewenste kleuren ontstaan.
f) Doe elk gekleurd beslag in aparte spuitzakken met ronde spuitmondjes.
g) Spuit kleine cirkels beslag op de voorbereide bakplaten en laat er wat ruimte tussen.
h) Tik de bakplaten stevig op het aanrecht om luchtbellen te verwijderen.
i) Gebruik een tandenstoker of spies om gemarmerde patronen te creëren door de verschillende kleuren door elkaar te laten draaien.
j) Laat de macarons ongeveer 30 minuten bij kamertemperatuur rusten totdat er een velletje ontstaat en niet meer plakkerig aanvoelt.
k) Verwarm uw oven voor op 300 ° F (150 ° C).
l) Bak de macarons gedurende 15-18 minuten tot ze gerezen zijn en voetjes hebben gevormd. Laat ze volledig afkoelen op de bakplaten.

VOOR DE GANACHEVULLING:
m) Verwarm de slagroom in een pan tot deze begint te koken.
n) Haal van het vuur en voeg de gehakte chocolade toe. Roer tot de chocolade gesmolten is en het mengsel glad is.
o) Laat de ganache ongeveer 30 minuten afkoelen en indikken.
p) Doe de ganache in een spuitzak met ronde spuitmond.
q) Combineer de afgekoelde macarons in paren van vergelijkbare grootte.
r) Spuit een kleine hoeveelheid ganache op de platte kant van een macaron en sandwich deze met een andere.

VOOR DE SPIEGELGLAZUUR:

s) Meng in een pan water, kristalsuiker en gezoete gecondenseerde melk. Verwarm op middelhoog vuur tot het begint te sudderen, af en toe roeren.
t) Haal van het vuur en voeg de witte chocoladestukjes toe. Roer tot de chocolade gesmolten is en het glazuur glad is.
u) Verdeel het glazuur in afzonderlijke kommen en voeg gelvoedselkleuring toe aan elke kom, waardoor de gewenste kleuren ontstaan.
v) Laat de glazuren iets afkoelen tot ongeveer 32-35°C (90-95°F).
w) Plaats de gevulde macarons op een rooster op een bakplaat bekleed met bakpapier.
x) Giet de gekleurde glazuren over de macarons, laat ze druipen en creëer gemarmerde patronen.
y) Laat het glazuur een paar uur opstijven bij kamertemperatuur of in de koelkast.
z) Zodra het glazuur is uitgehard, serveer en geniet van je gemarmerde macarons!

47. Citroenspiegelglazuur Macarons

INGREDIËNTEN:
VOOR DE MACARONSCHELPEN:
- 1 kopje amandelmeel
- 1 kopje poedersuiker
- 2 grote eiwitten, op kamertemperatuur
- ¼ kopje kristalsuiker
- Schil van 1 citroen
- Gele voedselkleurstof (optioneel)

VOOR DE LEMON CURD-VULLING:
- Sap van 2 citroenen
- Schil van 1 citroen
- ½ kopje kristalsuiker
- 2 grote eieren
- 4 eetlepels (56 g) ongezouten boter, in blokjes

VOOR DE CITROENSPIEGELGLAZUUR:
- ½ kopje water
- 1 kopje kristalsuiker
- ½ kopje lichte glucosestroop
- ½ kopje (60 g) ongezoet citroensap
- 2 eetlepels gelatinepoeder
- Gele voedselkleurstof (optioneel)

INSTRUCTIES:
MAKEN VAN DE MACARONSCHELPEN:
a) Bekleed twee bakplaten met bakpapier of siliconen bakmatten.
b) Meng amandelmeel en poedersuiker in een keukenmachine. Pulseer tot alles goed gemengd is en fijn van structuur is. Breng over naar een grote mengkom.
c) Klop in een andere mengkom de eiwitten totdat ze schuimig worden. Voeg geleidelijk de kristalsuiker toe terwijl je blijft kloppen. Klop tot er stijve pieken ontstaan. Voeg eventueel een paar druppels gele voedingskleurstof en citroenschil toe en meng tot het gelijkmatig verdeeld is.
d) Spatel het amandelmeelmengsel voorzichtig door het eiwitmengsel. Vouw totdat het beslag glad is en een lintachtige consistentie vormt. Zorg ervoor dat u niet overmixt.
e) Doe het macaronbeslag in een spuitzak met ronde spuitmond.

f) Spuit kleine rondjes (ongeveer 2,5 cm in diameter) op de voorbereide bakplaten en laat ruimte tussen de bakplaten. Tik met de bakplaten op het aanrecht om eventuele luchtbellen vrij te laten.
g) Laat de macarons met pijpjes ongeveer 30 minuten bij kamertemperatuur staan, totdat er een velletje op het oppervlak ontstaat. Deze stap is cruciaal voor een gladde schaal.
h) Terwijl de macarons rusten, verwarm je de oven voor op 150 °C.
i) Bak de macarons gedurende 15 minuten en draai de bakplaten halverwege om.
j) Haal de macarons uit de oven en laat ze een paar minuten afkoelen op de bakplaten voordat je ze op een rooster legt om volledig af te koelen.

BEREIDING VAN DE LEMON CURD-VULLING:
k) Meng in een pan citroensap, citroenschil, kristalsuiker en eieren. Klop op middelhoog vuur tot het mengsel dikker wordt, ongeveer 5-7 minuten.
l) Haal de pan van het vuur en klop de in blokjes gesneden boter erdoor tot deze volledig is opgenomen.
m) Doe de citroenwrongel in een kom, bedek hem met plasticfolie (raak het oppervlak direct aan om velvorming te voorkomen) en zet hem in de koelkast tot hij koud en hard is, ongeveer 1 uur.

MONTAGE VAN DE MACARONS:
n) Combineer de macaronschelpen in paren van vergelijkbare grootte.
o) Vul een spuitzak met de lemon curd-vulling en spuit van elk paar een kleine hoeveelheid op één macaronschelp.
p) Druk voorzichtig de tweede schaal erop om een sandwich te maken. Herhaal met de overige macarons.
q) De citroenspiegelglazuur maken:
r) Meng in een kleine kom gelatinepoeder met 2 eetlepels koud water. Laat het een paar minuten bloeien.
s) Meng in een pan water, kristalsuiker en glucosestroop. Breng op middelhoog vuur aan de kook, onder voortdurend roeren tot de suiker is opgelost.
t) Haal het mengsel van het vuur en voeg citroensap toe, roer om te combineren.
u) Voeg de uitgebloeide gelatine toe aan het citroenmengsel en roer tot de gelatine volledig is opgelost.
v) Voeg indien gewenst een paar druppels gele voedingskleurstof toe voor een levendige citroenkleur.

GLAZUURN VAN DE MACARONS:
w) Plaats een rooster op een bakplaat om overtollig glazuur op te vangen.
x) Houd elke macaron bij de bovenkant vast en dompel de onderkant voorzichtig in het citroenspiegelglazuur. Laat het overtollige glazuur wegdruipen.
y) Plaats de geglazuurde macarons op het rooster en laat ze ongeveer 30 minuten rusten tot het glazuur stevig is.
z) Bewaar de macarons met citroenspiegelglazuur maximaal drie dagen in een luchtdichte verpakking in de koelkast. Geniet van uw heerlijke citroenachtige lekkernijen!

48. Aardbeienspiegelglazuur Macarons

INGREDIËNTEN:
VOOR DE MACARONSCHELPEN:
- 1 kopje amandelmeel
- 1 kopje poedersuiker
- 2 grote eiwitten, op kamertemperatuur
- ¼ kopje kristalsuiker
- Schil van 1 citroen (voor extra smaak)
- Roze of rode gelvoedselkleuring (optioneel)

VOOR DE AARDBEIENVULLING:
- ½ kopje verse aardbeien, gepureerd en gezeefd
- ¼ kopje kristalsuiker
- 2 eetlepels ongezouten boter
- ½ theelepel citroensap (optioneel, voor helderheid)

VOOR DE AARDBEI SPIEGELGLAZUUR:
- ½ kopje water
- 1 kopje kristalsuiker
- ½ kopje lichte glucosestroop
- ½ kopje verse aardbeienpuree (gespannen)
- 2 eetlepels gelatinepoeder
- Roze of rode gelvoedselkleuring (optioneel)

INSTRUCTIES:
MAKEN VAN DE MACARONSCHELPEN:
a) Bekleed twee bakplaten met bakpapier of siliconen bakmatten.
b) Meng amandelmeel en poedersuiker in een keukenmachine. Pulseer tot alles goed gemengd is en fijn van structuur is. Breng over naar een grote mengkom.
c) Klop in een andere mengkom de eiwitten totdat ze schuimig worden. Voeg geleidelijk de kristalsuiker toe terwijl je blijft kloppen. Klop tot er stijve pieken ontstaan. Voeg eventueel een paar druppels roze of rode gelvoedselkleuring en citroenschil toe en meng tot het gelijkmatig verdeeld is.
d) Spatel het amandelmeelmengsel voorzichtig door het eiwitmengsel. Vouw totdat het beslag glad is en een lintachtige consistentie vormt. Zorg ervoor dat u niet overmixt.
e) Doe het macaronbeslag in een spuitzak met ronde spuitmond.

f) Spuit kleine rondjes (ongeveer 2,5 cm in diameter) op de voorbereide bakplaten en laat ruimte tussen de bakplaten. Tik met de bakplaten op het aanrecht om eventuele luchtbellen vrij te laten.
g) Laat de macarons met pijpjes ongeveer 30 minuten bij kamertemperatuur staan, totdat er een velletje op het oppervlak ontstaat. Deze stap is cruciaal voor een gladde schaal.
h) Terwijl de macarons rusten, verwarm je de oven voor op 150 °C.
i) Bak de macarons gedurende 15 minuten en draai de bakplaten halverwege om.
j) Haal de macarons uit de oven en laat ze een paar minuten afkoelen op de bakplaten voordat je ze op een rooster legt om volledig af te koelen.

BEREIDING VAN DE AARDBEIENVULLING:
k) Meng in een pan verse aardbeienpuree en kristalsuiker. Verhit op middelhoog vuur, onder voortdurend roeren, tot het mengsel dikker wordt, ongeveer 5-7 minuten.
l) Haal de pan van het vuur en klop de ongezouten boter en het citroensap (indien gebruikt) erdoor tot het volledig is opgenomen.
m) Doe de aardbeienvulling in een kom, bedek deze met plasticfolie (raak het oppervlak direct aan om velvorming te voorkomen) en zet in de koelkast tot het koud en stevig is, ongeveer 1 uur.

MONTAGE VAN DE MACARONS:
n) Combineer de macaronschelpen in paren van vergelijkbare grootte.
o) Vul een spuitzak met de aardbeienvulling en spuit van elk paar een kleine hoeveelheid op één macaronschelp.
p) Druk voorzichtig de tweede schaal erop om een sandwich te maken. Herhaal met de overige macarons.

BEREIDING VAN DE AARDBEIENSPIEGELGLAZUUR:
q) Meng in een kleine kom gelatinepoeder met 2 eetlepels koud water. Laat het een paar minuten bloeien.
r) Meng in een pan water, kristalsuiker, glucosestroop en aardbeienpuree. Breng op middelhoog vuur aan de kook, onder voortdurend roeren tot de suiker is opgelost.
s) Haal het mengsel van het vuur en voeg de uitgebloeide gelatine toe, roer om te combineren.
t) Voeg indien gewenst een paar druppels roze of rode gelvoedselkleuring toe voor een levendige aardbeikleur.

GLAZUURN VAN DE MACARONS:
u) Plaats een rooster op een bakplaat om overtollig glazuur op te vangen.

v) Houd elke macaron aan de bovenkant vast en dompel de onderkant voorzichtig in het aardbeienspiegelglazuur. Laat het overtollige glazuur wegdruipen.
w) Plaats de geglazuurde macarons op het rooster en laat ze ongeveer 30 minuten rusten tot het glazuur stevig is.
x) Bewaar de aardbeienspiegelglazuurmacarons in een luchtdichte verpakking in de koelkast gedurende maximaal drie dagen. Geniet van deze heerlijke aardbeientraktaties!

49. Matcha spiegelglazuur Macaron

INGREDIËNTEN:
VOOR DE MACARONSCHELPEN:
- 1 kopje amandelmeel
- 1 kopje poedersuiker
- 2 grote eiwitten, op kamertemperatuur
- ¼ kopje kristalsuiker
- 2 theelepels matcha groene theepoeder
- Groene gelvoedselkleuring (optioneel)

VOOR DE MATCHA-VULLING:
- ½ kopje zware room
- 2 eetlepels poedersuiker
- 1 theelepel matcha groene theepoeder
- ½ theelepel vanille-extract

VOOR DE MATCHA SPIEGELGLAZUUR:
- ½ kopje water
- 1 kopje kristalsuiker
- ½ kopje lichte glucosestroop
- 2 theelepels matcha groene theepoeder
- 2 eetlepels gelatinepoeder
- Groene gelvoedselkleuring (optioneel)

INSTRUCTIES:
MAKEN VAN DE MACARONSCHELPEN:
a) Bekleed twee bakplaten met bakpapier of siliconen bakmatten.
b) Meng amandelmeel en poedersuiker in een keukenmachine. Pulseer tot alles goed gemengd is en fijn van structuur is. Breng over naar een grote mengkom.
c) Klop in een andere mengkom de eiwitten totdat ze schuimig worden. Voeg geleidelijk de kristalsuiker toe terwijl je blijft kloppen. Klop tot er stijve pieken ontstaan. Voeg eventueel een paar druppels groene gelvoedselkleuring en matcha groene theepoeder toe en meng tot het gelijkmatig verdeeld is.
d) Spatel het amandelmeelmengsel voorzichtig door het eiwitmengsel. Vouw totdat het beslag glad is en een lintachtige consistentie vormt. Zorg ervoor dat u niet overmixt.
e) Doe het macaronbeslag in een spuitzak met ronde spuitmond.
f) Spuit kleine rondjes (ongeveer 2,5 cm in diameter) op de voorbereide bakplaten en laat ruimte tussen de bakplaten. Tik met de bakplaten op het aanrecht om eventuele luchtbellen vrij te laten.
g) Laat de macarons met pijpjes ongeveer 30 minuten bij kamertemperatuur staan, totdat er een velletje op het oppervlak ontstaat. Deze stap is cruciaal voor een gladde schaal.
h) Terwijl de macarons rusten, verwarm je de oven voor op 150 °C.
i) Bak de macarons gedurende 15 minuten en draai de bakplaten halverwege om.
j) Haal de macarons uit de oven en laat ze een paar minuten afkoelen op de bakplaten voordat je ze op een rooster legt om volledig af te koelen.

MATCHA VULLING MAKEN:
k) Meng in een mengkom slagroom, poedersuiker, matcha groene theepoeder en vanille-extract.
l) Klop het mengsel totdat het stijve pieken bereikt. Pas op dat u niet te veel klopt.

MONTAGE VAN DE MACARONS:
m) Combineer de macaronschelpen in paren van vergelijkbare grootte.
n) Vul een spuitzak met de matchavulling en spuit van elk paar een kleine hoeveelheid op één macaronschelp.
o) Druk voorzichtig de tweede schaal erop om een sandwich te maken. Herhaal met de overige macarons.

MATCHA SPIEGELGLAZUUR MAKEN:

p) Meng in een kleine kom gelatinepoeder met 2 eetlepels koud water. Laat het een paar minuten bloeien.
q) Meng in een pan water, kristalsuiker, glucosestroop en matcha groene theepoeder. Breng op middelhoog vuur aan de kook, onder voortdurend roeren tot de suiker is opgelost.
r) Haal het mengsel van het vuur en voeg de uitgebloeide gelatine toe, roer om te combineren.
s) Voeg indien gewenst een paar druppels groene gelvoedingskleurstof toe voor een levendige matchakleur.

GLAZUURN VAN DE MACARONS:
t) Plaats een rooster op een bakplaat om overtollig glazuur op te vangen.
u) Houd elke macaron aan de bovenkant vast en dompel de onderkant voorzichtig in het matcha-spiegelglazuur. Laat het overtollige glazuur wegdruipen.
v) Plaats de geglazuurde macarons op het rooster en laat ze ongeveer 30 minuten rusten tot het glazuur stevig is.
w) Bewaar de matcha spiegelglazuur macarons in een luchtdichte verpakking in de koelkast gedurende maximaal drie dagen. Geniet van deze heerlijke matcha-lekkernijen!

50. Spiegelglazuur Macarons met frambozenganache

INGREDIËNTEN:
VOOR DE MACARONSCHELPEN:
- 1 kopje amandelmeel
- 1 kopje poedersuiker
- 2 grote eiwitten, op kamertemperatuur
- ¼ kopje kristalsuiker
- Gelvoedselkleuring (optioneel)

VOOR DE FRAMBOZENGANACHEVULLING:
- ½ kopje zware room
- 1 kop (150 g) witte chocoladestukjes
- ¼ kopje (30 g) gevriesdroogde frambozen, tot poeder gemalen
- 1 eetlepel ongezouten boter

VOOR DE SPIEGELGLAZUUR:
- ⅔ kopje (160 ml) water
- 1 ½ kopje kristalsuiker
- 1 kop (240 ml) gezoete gecondenseerde melk
- 1 ½ kopjes (225 g) witte chocoladestukjes
- Gelvoedselkleuring (optioneel)
- 2 ½ theelepel gelatinepoeder
- ¼ kopje (60 ml) koud water

INSTRUCTIES:
MAKEN VAN DE MACARONSCHELPEN:
a) Meng amandelmeel en poedersuiker in een keukenmachine. Pulseer tot alles fijn en goed gemengd is. Zeef dit mengsel in een grote kom.
b) Klop in een aparte kom de eiwitten tot ze beginnen te schuimen. Voeg geleidelijk de kristalsuiker toe terwijl je blijft kloppen. Klop tot er stijve, glanzende pieken ontstaan.
c) Spatel het amandelmeelmengsel voorzichtig door het opgeklopte eiwit. Zorg ervoor dat het eiwit niet leegloopt. Voeg indien gewenst gelvoedselkleuring toe en vouw tot het gelijkmatig gekleurd is.
d) Doe het mengsel in een spuitzak met ronde spuitmond. Spuit kleine cirkels op een bakplaat bekleed met bakpapier. Laat de macarons met pijpjes ongeveer 30 minuten staan, zodat er een velletje ontstaat.
e) Verwarm uw oven voor op 300 ° F (150 ° C). Bak de macarons gedurende 15-18 minuten of totdat ze gemakkelijk van het bakpapier loskomen. Laat ze volledig afkoelen voordat je ze van het perkament haalt.

BEREIDING VAN DE FRAMBOZENGANACHEVULLING:
f) Verwarm de slagroom in een pan op middelhoog vuur tot deze begint te koken. Haal onmiddellijk van het vuur.
g) Voeg de witte chocoladestukjes toe en laat ze een minuutje staan om zacht te worden. Roer vervolgens totdat de chocolade volledig is gesmolten en het mengsel glad is.
h) Roer de gemalen, gevriesdroogde frambozen en de boter erdoor tot alles goed gemengd is.
i) Laat de ganache afkoelen en dikker worden op kamertemperatuur. Breng het vervolgens over naar een spuitzak.

MONTAGE VAN DE MACARONS:
j) Combineer de macaronschelpen in paren van vergelijkbare grootte.
k) Spuit een kleine hoeveelheid frambozenganache op het midden van één schaal.
l) Druk voorzichtig de bijpassende schaal erop om een sandwich te creëren.
m) Herhaal met de overige macaronschelpen en ganache.

HET SPIEGELGLAZUURREN MAKEN:
n) Strooi de gelatinepoeder in een kleine kom over ¼ kopje koud water. Laat het een paar minuten staan om te bloeien.

o) Meng het water en de kristalsuiker in een pan. Verhit op middelhoog vuur tot het aan de kook komt. Haal van het vuur.
p) Roer de gezoete gecondenseerde melk en witte chocoladestukjes erdoor tot het mengsel glad is.
q) Magnetron de uitgebloeide gelatine gedurende ongeveer 20 seconden of totdat deze volledig is gesmolten.
r) Voeg de gesmolten gelatine toe aan het witte chocolademengsel en klop tot een gladde massa.
s) Voeg indien gewenst gelvoedingskleurstof toe om de gewenste kleur te verkrijgen.

GLAZUURN VAN DE MACARONS:
t) Plaats een rooster op een bakplaat om eventuele druppels op te vangen.
u) Giet het spiegelglazuur over de geassembleerde macarons en zorg ervoor dat ze volledig bedekt zijn. Mogelijk moet u een spatel gebruiken om het glazuur gelijkmatig te verdelen.
v) Laat het overtollige glazuur wegdruipen en breng de geglazuurde macarons vervolgens over naar een serveerschaal of bord.
w) Laat het glazuur ongeveer 1 uur opstijven bij kamertemperatuur of in de koelkast.
x) Zodra het glazuur is uitgehard, zijn je spiegelglazuurmacarons met frambozenganachevulling klaar om van te genieten!
y) Deze macarons zorgen voor een prachtig en heerlijk dessert. Genieten!

51.Karamel beroep-geglazuurde macarons

INGREDIËNTEN:
VOOR DE MACARONSCHELPEN:
- 1 kopje amandelmeel
- 1 kopje poedersuiker
- 2 grote eiwitten, op kamertemperatuur
- ¼ kopje kristalsuiker
- Gelvoedselkleuring (optioneel)

VOOR DE ROOMVULLING:
- ½ kopje zware room
- ¼ kopje (60 g) roomkaas, zacht
- 2 eetlepels banketbakkerssuiker (poedersuiker)
- 1 theelepel vanille-extract

VOOR DE CARAMEL BEROEPSPIEGELGLAZUUR:
- ½ kopje beroepsap of cider
- 1 kopje kristalsuiker
- ½ kopje zware room
- ¼ kopje (60 ml) water
- 2 theelepels gelatinepoeder
- Gelvoedselkleuring (optioneel)
- Beroepschijfjes en karamelsaus ter decoratie (optioneel)

INSTRUCTIES:
MAKEN VAN DE MACARONSCHELPEN:
a) Meng amandelmeel en poedersuiker in een keukenmachine. Pulseer tot alles fijn en goed gemengd is. Zeef dit mengsel in een grote kom.
b) Klop in een aparte kom de eiwitten tot ze beginnen te schuimen. Voeg geleidelijk de kristalsuiker toe terwijl je blijft kloppen. Klop tot er stijve, glanzende pieken ontstaan.
c) Spatel het amandelmeelmengsel voorzichtig door het opgeklopte eiwit. Zorg ervoor dat het eiwit niet leegloopt. Voeg indien gewenst gelvoedselkleuring toe en vouw tot het gelijkmatig gekleurd is.
d) Doe het mengsel in een spuitzak met ronde spuitmond. Spuit kleine cirkels op een bakplaat bekleed met bakpapier. Laat de macarons met pijpjes ongeveer 30 minuten staan, zodat er een velletje ontstaat.
e) Verwarm uw oven voor op 300 ° F (150 ° C). Bak de macarons gedurende 15-18 minuten of totdat ze gemakkelijk van het bakpapier loskomen. Laat ze volledig afkoelen voordat je ze van het perkament haalt.

MAKEN VAN DE ROOMVULLING:
f) Klop in een mengkom de slagroom tot er stijve pieken ontstaan.
g) Klop in een aparte kom de roomkaas glad en romig. Voeg poedersuiker en vanille-extract toe en blijf kloppen tot alles goed gemengd is.
h) Spatel de slagroom voorzichtig door het roomkaasmengsel tot een gladde massa. Breng de vulling over in een spuitzak.

BEREIDING VAN DE CARAMEL BEROEP SPIEGELGLAZUUR:
i) Strooi de gelatinepoeder in een kleine kom over ¼ kopje water. Laat het een paar minuten staan om te bloeien.
j) Meng in een pan beroepsap of cider, kristalsuiker, slagroom en water. Verwarm op middelhoog vuur tot het aan de kook komt, onder voortdurend roeren.
k) Zodra het kookt, haal je het van het vuur en roer je de uitgebloeide gelatine erdoor tot deze volledig is opgelost.
l) Voeg indien gewenst gelvoedingskleurstof toe om de gewenste kleur te verkrijgen.

GLAZUURN VAN DE MACARONS:
m) Plaats een rooster op een bakplaat om eventuele druppels op te vangen.

n) Giet het karamel-beroepspiegelglazuur over de geassembleerde macarons en zorg ervoor dat ze volledig bedekt zijn. Mogelijk moet u een spatel gebruiken om het glazuur gelijkmatig te verdelen.
o) Laat het overtollige glazuur wegdruipen en breng de geglazuurde macarons vervolgens over naar een serveerschaal of bord.
p) Laat het glazuur ongeveer 1 uur opstijven bij kamertemperatuur of in de koelkast.
q) Garneer indien gewenst met beroepschijfjes en besprenkel met karamelsaus ter decoratie.
r) Zodra het glazuur is uitgehard, zijn je Caramel Apple Spiegel Glazuur Macarons met crèmevulling klaar om van te genieten!

CREPEN

52. Crêpes Roulées en Farcies

INGREDIËNTEN:
HET ROOMGEBRUIKTE SCHAALDIERENVLEES
- 2 eetl. boter
- Een 8-inch geëmailleerde koekepan of koekenpan zonder aanbaklaag
- 3 eetlepels gehakte sjalotten of lente-uitjes
- 1½ kopjes in blokjes gesneden of versnipperd gekookt of ingeblikt schaaldiervlees
- Zout en peper
- ¼ kopje droge witte vermout
- Een kom

DE WIJN- EN KAASSAUS
- ⅓ kopje droge witte vermout
- 2 eetlepels maïzena gemengd in een kleine kom met 2 eetlepels melk
- 1½ kopjes zware room
- ¼ theelepel zout
- witte peper
- ½ kopje geraspte Zwitserse kaas

MONTEREN EN BAKKEN
- 12 gekookte crêpes, 6 tot 7 inch in diameter
- ¼ kopje geraspte Zwitserse kaas
- 2 eetl. boter
- Een licht beboterde ovenschaal

INSTRUCTIES:

a) Verhit de boter tot het borrelt in de koekenpan, roer de sjalotten of lente-uitjes erdoor en vervolgens de schaaldieren. Meng en roer op matig hoog vuur gedurende 1 minuut. Breng op smaak met peper en zout, voeg dan de vermout toe en kook snel tot de vloeistof bijna volledig is verdampt. Schraap in een kom.

b) Voeg de vermout toe aan de koekenpan en kook snel tot het is ingekookt tot een eetlepel. Haal van het vuur; roer het maizenamengsel, de room en de kruiden erdoor. Laat 2 minuten al roerend sudderen, meng dan de kaas erdoor en laat nog een minuut sudderen. Juiste kruiden.

c) Meng de helft van de saus door de schaaldieren, doe een grote lepel van het schaaldierenmengsel op het onderste derde deel van elke crêpe en rol de crêpes in cilindrische vormen. Schik de crêpes dicht bij elkaar in een licht beboterde ovenschaal, schep de rest van de saus erover, bestrooi met de kaas en besprenkel met stukjes boter. Zet in de koelkast totdat je klaar bent om te bakken. Vijftien tot twintig minuten voor het serveren, zet het in het bovenste derde deel van een voorverwarmde oven van 425 graden tot het heet is en de kaastopping lichtbruin is, of verwarm en bruin onder een lage grill.

53. Gâteau De Crêpes a La Florentijnse

INGREDIËNTEN:
ROOMSAUS MET KAAS, SPINAZIE EN PADDESTOELEN
- 4 eetl. boter
- 5 eetl bloem
- 2¾ kopjes warme melk
- ½ theelepel zout
- Peper en nootmuskaat
- ¼ kopje zware room
- 1 kop grof geraspte Zwitserse kaas
- 1½ kopjes gekookte gehakte spinazie
- 1 kopje roomkaas of kwark
- 1 ei
- 1 kopje in blokjes gesneden verse champignons, eerder gebakken in boter met 2 eetlepels gehakte sjalotjes of lente-uitjes

MONTEREN EN BAKKEN
- 24 gekookte crêpes, 15 tot 19 centimeter in diameter
- Een licht beboterde ovenschaal
- 1 eetl. boter

INSTRUCTIES:
a) Smelt voor de saus de boter, roer de bloem erdoor en laat 2 minuten langzaam koken zonder te kleuren; Haal van het vuur, klop de melk, zout, peper en nootmuskaat naar smaak erdoor. Kook al roerend gedurende 1 minuut en klop dan de room erdoor en op 2 eetlepels na van de Zwitserse kaas; Laat even sudderen en breng dan op smaak.

b) Meng enkele eetlepels saus door de spinazie en breng zorgvuldig op smaak. Klop de roomkaas of kwark met het ei, de champignons en enkele eetlepels saus tot een dikke pasta; juiste kruiden.

c) Verwarm de oven voor op 375 graden.

d) Centreer een crêpe op de bodem van een licht beboterde ovenschaal, bestrijk met spinazie, bedek met een crêpe, bestrijk met een laag van het kaas-champignonmengsel en ga zo verder met de rest van de crêpes en de 2 vullingen, het eindigen van de heuvel met een crêpe.

e) Giet de resterende kaassaus over de heuvel, bestrooi met de resterende 2 eetlepels geraspte Zwitserse kaas en bestrijk met een eetlepel boter.

f) Zet het in de koelkast tot 30 tot 40 minuten voordat je het serveert, en zet het vervolgens in het bovenste derde deel van de voorverwarmde oven tot het heet is en de kaastopping lichtbruin is.

54. Crêpes Fourrées en Flambées

INGREDIËNTEN:

- ½ kopje verpulverde, geblancheerde amandelen (je kunt hiervoor een elektrische blender gebruiken)
- ¼ theelepel amandelextract
- 1 kopje sinaasberoepboter (vorig recept)
- 18 gekookte crêpes, 5 tot 6 inch in diameter
- Een licht beboterde ovenschaal
- 3 eetl. kristalsuiker
- ⅓ kopje sinaasberoeplikeur en cognac, opgewarmd in een kleine pan

INSTRUCTIES:

a) Klop de amandelen en het amandelextract door de sinaasberoepboter.
b) Verdeel een lepel van dit mengsel op het onderste derde deel van elke crêpe, rol deze in cilinders en schik ze in een licht beboterde bak- en serveerschaal.
c) Dek af en zet in de koelkast tot klaar voor gebruik. Bestrooi ongeveer 15 minuten voor het serveren met de suiker en bak in het bovenste derde deel van een voorverwarmde oven van 350 tot 375 graden totdat de suikerlaag licht begint te karameliseren.
d) Giet vlak voor het serveren de warme likeur erbij en breng op tafel.
e) Steek het vuur aan met een lucifer en schep de likeur over de crêpes tot de vlammen doven.

55. Gâteau De Crêpes a La Normande

INGREDIËNTEN:
- 4 tot 5 kopjes gesneden beroeps (ongeveer 2 lbs.)
- Een grote bakvorm met dikke bodem
- ⅓ kopje kristalsuiker
- 4 eetl gesmolten boter
- 12 gekookte crêpes, 5 tot 6 inch in diameter
- Een licht beboterde ovenschaal
- 6 tot 8 oude bitterkoekjes, verkruimeld
- Meer gesmolten boter en suiker en cognac

INSTRUCTIES:

a) Verdeel de beroeps in de bakvorm, bestrooi met suiker en gesmolten boter en zet ze in het midden van een voorverwarmde oven van 350 graden gedurende ongeveer 15 minuten of tot de beroepschijfjes gaar zijn.

b) Centreer een crêpe in de beboterde bak- en serveerschaal, bestrijk met een laag beroepschijfjes, bestrooi met bitterkoekjes en eventueel met een paar druppels boter en cognac.

c) Leg er een crêpe op, bedek met beroeps en ga zo verder, eindigend met een crêpe. Bestrooi met gesmolten boter en suiker.

d) Bak ongeveer 30 minuten voor het serveren op het middelste niveau van een voorverwarmde oven van 375 graden tot het borrelend heet is. Serveer zoals het is, of vlam zoals in het voorgaande recept.

56. Crêpes Suzette

INGREDIËNTEN:
- 3 kopjes sinaasberoepboter
- Een komfoor
- 18 gekookte crêpes, 5 tot 6 inch in diameter
- 2 eetl. kristalsuiker
- ⅓ kopje sinaasberoeplikeur en cognac

INSTRUCTIES:
a) Verhit de sinaasberoepboter in een komfoor tot het borrelt en het mengsel licht gekaramelliseerd is; dit duurt enkele minuten.
b) Doop beide zijden van een crêpe in hete boter, vouw de crêpe dubbel met de beste kant naar buiten en nogmaals doormidden tot een wigvorm.
c) Plaats naast de schaal en herhaal snel met de rest van de crêpes.
d) Strooi 2 eetlepels suiker over de crêpes en giet de likeuren erover. Schud de pan zachtjes terwijl de likeuren opwarmen, en als ze niet automatisch vlam vatten, steek ze dan aan met een lucifer.
e) Schep de likeur over de crêpes tot de vlammen doven. Serveer op zeer hete borden.

57. Crêpes De Pommes De Terre / Pannenkoeken van geraspte aardberoepen

INGREDIËNTEN:
- 8 ons roomkaas
- 3 eetl bloem
- 2 eieren
- ½ theelepel zout
- ⅛ theelepel peper
- 6 ons (1½ kopje) Zwitserse kaas, in dobbelstenen van ⅛ inch gesneden
- 2½ pond. Aardberoepen "bakken" (4 kopjes geraspt)
- 3 tot 4 eetlepels slagroom
- Een koekenpan van 10 inch
- Ongeveer 1½ eetlepel boter, meer indien nodig
- Ongeveer 1½ Tb olie, meer indien nodig

INSTRUCTIES:
a) Meng de roomkaas, bloem, eieren, zout en peper in een grote mengkom met een mengvork. Roer de in blokjes gesneden kaas erdoor.
b) Aardberoepen schillen, raspen door grote gaten rasp. Draai de aardberoepen handvol per keer tot een bal in de hoek van een handdoek en haal er zoveel mogelijk sap uit.
c) Meng de kaas en de eieren erdoor en roer er voldoende room door om het mengsel de consistentie van romige koolsla te geven.
d) Verhit boter en olie in een koekenpan, schep er kleine of grote hopen aardberoepbeslag in van ongeveer ⅜ inch dik. Kook op matig hoog vuur gedurende 3 tot 4 minuten, totdat er belletjes door het beslag verschijnen.
e) Zet het vuur iets lager, draai om en bak nog 4 tot 5 minuten aan de andere kant. Als het niet onmiddellijk wordt geserveerd, schik het dan in één laag op een bakplaat en laat het onbedekt liggen. Enkele minuten knapperig in een voorverwarmde oven van 400 graden.
f) Serveer met gebraad, steaks, gepocheerde of gebakken eieren.

58. Banana creme Crêpes

INGREDIËNTEN:
- 4 Bananen, verdeeld gebruik
- 8-ounce container crèmekaramel
- Gearomatiseerde yoghurt
- ½ kopje slagroom of bevroren
- Niet-zuivel opgeklopte topping,
- Ontdooid, plus extra voor
- Garneer
- 6 Kant-en-klare Crêpes
- Ahorn- of chocoladesiroop

INSTRUCTIES:

a) Doe 2 bananen in een keukenmachine of blender en mix tot een gladde massa.

b) Voeg yoghurt toe en meng. Roer de opgeklopte topping erdoor.

c) Snijd de overige bananen in muntjes. Houd apart, 12 plakjes voor de topping.

d) Plaats de crêpe op elk serveerbord: verdeel het yoghurtmengsel over elke crêpe.

e) Verdeel de resterende plakjes banaan en slagroom of topping.

f) Druppel siroop over elke crêpe.

59. Kersencrêpe s

INGREDIËNTEN:
- 1 kopje zure room
- ⅓ kopje bruine suiker, stevig verpakt
- 1 kopje koekjesmix
- 1 ei
- 1 kopje melk
- 1 blikje Kersentaartvulling
- 1 theelepel sinaasberoepextract

INSTRUCTIES:

a) Meng zure room en bruine suiker en zet opzij. Combineer de koekjesmix, het ei en de melk.

b) Meng tot een gladde massa. Verhit een geoliede koekenpan van 15 cm.

c) Bak 2 eetlepels koekjesmengsel per keer tot het lichtbruin is, draai en bruin.

d) Vul elke crêpe met een portie van het zure roommengsel. Oprollen.

e) Leg de naadzijde naar beneden in de ovenschaal. Giet de kersentaartvulling in het algemeen.

f) Bak op 350~ gedurende 5 minuten. Giet het sinaasberoepextract over de crêpes en steek aan om te serveren.

60. Kumquat- pecannotencrêpe s

INGREDIËNTEN:

- ½ kopje Geconserveerde kumquat
- 3 grote eieren
- 1½ kopjes pecannoten, in blokjes gesneden
- ¾ kopje suiker
- ¾ kopje boter, kamertemperatuur
- 3 eetlepels Cognac
- ½ kopje pecannoten, in blokjes gesneden
- ¼ kopje suiker
- ¼ kopje boter, gesmolten
- ½ kopje Cognac

INSTRUCTIES:
VOOR HET VULLEN:
a) Zaad, hak en dep de kumquats droog, bewaar ⅓ kopje kumquatsiroop.
b) Combineer eieren, 1½ kopje pecannoten, ¾ kopje suiker, ¾ kopje boter, kumquats en 3 eetlepels Cognac in een processor of blender en meng goed met aan/uit-bewegingen. Verander in een kom.
c) Dek af en vries gedurende minstens 1 uur in.

VERZAMELEN:
d) Beboter royaal twee ovenschalen van 7 x 11 inch.
e) Reserveer ⅓ kopje vulling voor saus. Vul elke crêpe met ongeveer 1½ tot 2 eetlepels vulling. Rol Crêpes op sigarenmode.
f) Leg de naadzijde naar beneden in een enkele laag in voorbereide bakvormen.
g) Verwarm de oven voor op 350 graden. Bestrooi de crêpes met de resterende pecannoten en suiker en besprenkel met gesmolten boter.
h) Bak tot het borrelend heet is, ongeveer 15 minuten.
i) Meng ondertussen ⅓ kopje gereserveerde vulling, 2 eetlepels Cognac en ⅓ kopje gereserveerde kumquatsiroop in een kleine pan en breng op laag vuur aan de kook.
j) Verwarm de resterende Cognac in een kleine steelpan.
k) Om te serveren, schikt u de crêpes op een schaal en bestrijkt u ze met de saus. Steek de cognac aan en giet eroverheen, terwijl u de schaal schudt tot de vlam dooft. Serveer onmiddellijk.

61. Crêpes met tropisch fruit

INGREDIËNTEN:
- 4 ons gewone bloem, gezeefd
- 1 snufje zout
- 1 theelepel basterdsuiker
- 1 ei, plus een dooier
- ½ pint Melk
- 2 eetlepels Gesmolten boter
- 4 ons suiker
- 2 eetlepels cognac of rum
- 2½ kopjes tropische fruitmix

INSTRUCTIES:

a) Om het crêpebeslag te maken, doe je de bloem, het zout en de basterdsuiker in een kom en meng je dit.

b) Klop geleidelijk de eieren, melk en boter erdoor. Laat minimaal 2 uur staan.

c) Verhit een licht ingevette koekenpan, roer het beslag erdoor en bak er 8 crêpes mee. Blijf warm.

d) Doe voor de vulling het tropische fruitmengsel met de suiker in een pan en verwarm zachtjes tot de suiker is opgelost.

e) Breng aan de kook en verwarm tot de suiker karameliseert. Voeg de cognac toe.

f) Vul elke crêpe met het fruit en serveer onmiddellijk met room of crème fraîche.

62. Citroencrêpes

INGREDIËNTEN:

- 1 groot ei
- ½ kopje melk
- ¼ kopje Bloem voor alle doeleinden
- 1 theelepel suiker
- 1 theelepel Geraspte citroenschil
- 1 snufje zout
- Boter of olie voor koekenpan

CITROENSAUS:

- 2 kopjes water
- 1 kopje suiker
- 2 Citroenen, flinterdun gesneden, zonder zaadjes

ROOM VULLING:

- 1 kop Zware room, koud
- 2 theelepels suiker
- 1 theelepel vanille-extract

INSTRUCTIES:
CRÊPEBESLAG:
a) Klop het ei en de melk lichtjes samen in een middelgrote mengkom.
b) Voeg bloem, suiker, citroenschil en zout toe en klop tot een gladde massa.
c) Zet afgedekt minimaal 2 uur of een nacht in de koelkast.

CITROENSAUS:
d) Verhit water en suiker in een zware middelgrote pan tot de suiker is opgelost.
e) Voeg de schijfjes citroen toe en laat 30 minuten sudderen. Koel tot kamertemperatuur.

CRÊPES MAKEN:
f) Smeer de crêpepan op een koekenpan met anti-aanbaklaag van 15 cm in met een dun laagje boter of olie.
g) Verhit de pan op middelhoog vuur.
h) Giet er 2 eetlepels crêpebeslag in en kantel de pan snel om het beslag gelijkmatig te verdelen.
i) Kook tot de bodem goudbruin is en de rand van de zijkant van de pan is losgetrokken, ongeveer 3 minuten.
j) Draai de crêpe om en bak de tweede kant ongeveer 1 minuut.

k) Laat afkoelen op een bord en herhaal met het resterende beslag om in totaal 8 crêpes te maken.
l) Maak vlak voor het serveren de crèmevulling: klop de room, suiker en vanille in een mengkom tot er stijve pieken ontstaan.
m) Plaats 2 crêpes met de gouden kant naar beneden op elk dessertbord.
n) Schep de crèmevulling op elke crêpe en rol hem op, vouw de randen naar binnen en leg de naad naar beneden op de borden.
o) Giet ¼ kopje citroensaus over elke portie en serveer in één keer.

63. Crêpes Met Chablis Fruitsaus

INGREDIËNTEN:
- 3 eieren
- 1 kopje magere melk
- 1 kopje bloem
- ⅛ theelepel zout
- Bak spray
- ½ kopje Chablis-wijn
- ¼ kopje water
- ¼ kopje suiker
- 1 eetlepel maïszetmeel
- ¾ kopje Verse of bevroren aardbeien
- ½ kopje In blokjes gesneden sinaasberoeppartjes
- 1 eetlepel Water
- 4 Liefhebbers Crêpes

INSTRUCTIES:
a) Combineer de eerste 4 ingrediënten en mix op lage snelheid gedurende ongeveer een minuut. Schraap de zijkanten naar beneden en meng goed tot een gladde massa.
b) Laat 30 minuten staan. Smeer de bodem van een omelet of koekenpan van 15 cm in met kookspray.
c) Verhit de pan op laag vuur.
d) Giet er ongeveer 3 eetlepels beslag-kantel- en draaipan in om het beslag gelijkmatig te verdelen.
e) Kook tot de onderkant lichtbruin is, draai hem om en bak de andere kant bruin.
f) Om crêpes gescheiden van vetvrij papier op te slaan, in te vriezen of in de koelkast te bewaren.

CHABLIS FRUITSAUS:
g) Meng de eerste 3 ingrediënten in een kleine pan, breng aan de kook en laat 5 minuten sudderen.
h) Roer de maizena en 1 eetlepel water tot een gladde massa.
i) Roer het wijnmengsel erdoor en laat het enkele minuten sudderen tot het dikker wordt, af en toe roeren.
j) Voeg fruit toe en verwarm tot het fruit heet is. Vul de crêpes, vouw ze om en schep er extra saus over.

64. Ambrosia Crêpes

INGREDIËNTEN:
- 4 Crêpes
- 16-ounce blikje fruitcocktail
- 1 blik Bevroren desserttopping - ontdooid
- 1 kleine rijpe banaan in plakjes gesneden
- ½ kopje miniatuur marshmallows
- ⅓ kopje geraspte kokosnoot

INSTRUCTIES:
a) Garneer met extra topping en fruit.
b) Om crêpes op elkaar te stapelen met vetvrij papier ertussen.
c) Wikkel het in zware folie of diepvriespapier.
d) Verwarm in een oven van 350 ° gedurende 10-15 minuten.

65. Bessencrêpes met sinaasberoepsaus

INGREDIËNTEN:
- 1 kopje verse bosbessen
- 1 kop Gesneden aardbeien
- 1 eetlepel suiker
- Drie pakjes van 3 ounce roomkaas verzacht
- ¼ kopje honing
- ¾ kopje sinaasberoepsap
- 8 Crêpes

INSTRUCTIES:
a) Combineer bosbessen, aardbeien en suiker in een kleine kom en zet opzij.
b) Om de saus te bereiden, klop je de roomkaas en de honing tot een licht mengsel en klop je langzaam het sinaasberoepsap erdoor.
c) Schep ongeveer ½ kopje bessenvulling in het midden van 1 crêpe. Schep ongeveer 1 eetlepel saus over de bessen. Oprollen en op serveerschaal leggen. Herhaal met de overige crêpes.
d) Giet de resterende saus over de crêpes.

PARFAIT

66. Citroenmeringuetaartparfaits

INGREDIËNTEN:
- 4 grote eiwitten
- 1 kopje kristalsuiker
- 1 theelepel maizena
- 1 theelepel vanille-extract
- 1 ½ kopje citroenwrongel
- 1 ½ kopjes slagroom
- Citroenschil voor garnering

INSTRUCTIES:

a) In een schone mengkom klop je de eiwitten op hoge snelheid tot er zachte pieken ontstaan.

b) Voeg geleidelijk de suiker toe terwijl je blijft kloppen tot er stijve, glanzende pieken ontstaan.

c) Spatel voorzichtig het maizena en het vanille-extract erdoor.

d) Schep het meringuemengsel in een spuitzak met stermondje.

e) In serveerGlazuurn of kommen laagjes citroenwrongel, slagroom en meringue aanbrengen.

f) Herhaal de laagjes tot de glaasjes gevuld zijn en eindig met een laagje meringue erop.

g) Optioneel: Gebruik een keukenbrander om de meringue lichtbruin te bakken.

h) Garneer met citroenschil.

i) Serveer onmiddellijk of bewaar in de koelkast tot het klaar is om te serveren.

j) Geniet van je citroenmeringuetaartparfaits!

67.Met hibiscus doordrenkte yoghurtparfait

INGREDIËNTEN:

- 1 kopje Griekse yoghurt of plantaardige yoghurt
- 2 eetlepels hibiscussiroop of hibiscustheeconcentraat
- Verse bessen (zoals aardbeien, bosbessen of frambozen)
- Granola of noten als topping

INSTRUCTIES:

a) Meng in een kom de Griekse yoghurt en de hibiscussiroop of het theeconcentraat tot alles goed gemengd is.

b) Doe de met hibiscus doordrenkte yoghurt, verse bessen en muesli of noten in een Glazuurn pot.

c) Herhaal de lagen totdat alle ingrediënten zijn gebruikt.

d) Bestrijk de parfait met extra verse bessen en een snufje muesli of noten.

e) Serveer de yoghurtparfait met hibiscus direct en geniet van een heerlijk en voedzaam ontbijt.

68. Mangomeringueparfait

INGREDIËNTEN:
- 2 rijpe mango's, geschild en in blokjes gesneden
- 1 kopje slagroom
- 4 meringuenestjes, grof geplet

INSTRUCTIES:

a) Leg in een glas- of dessertschaal de in blokjes gesneden mango's, slagroom en gemalen meringue-nesten.

b) Herhaal de lagen tot je de bovenkant van het glas bereikt en eindig met een laagje slagroom erop.

c) Optioneel: Garneer met een beetje gemalen meringue of een schijfje mango.

d) Zet het minimaal 1 uur in de koelkast, zodat de smaken zich kunnen vermengen.

e) Serveer gekoeld en geniet ervan!

69. Passievrucht Yoghurt Parfait

INGREDIËNTEN:

- 2 kopjes gewone Griekse yoghurt
- ½ kopje passievruchtpulp
- ¼ kopje honing
- 1 kopje muesli

INSTRUCTIES:

a) Meng in een mengkom de Griekse yoghurt, passievruchtpulp en honing.
b) Doe het yoghurtmengsel en de granola in een glas of pot.
c) Werk af met extra passievruchtpulp en granola.
d) Serveer onmiddellijk.

70. Grapefruit-yoghurtparfait

INGREDIËNTEN:
- 1 grapefruit, gesegmenteerd
- 1 kopje gewone Griekse yoghurt
- 2 eetlepels honing
- ¼ kopje muesli

INSTRUCTIES

a) Meng de yoghurt en honing in een kleine kom.
b) Doe de grapefruitpartjes, het yoghurtmengsel en de muesli in een glas of kom.
c) Herhaal de laagjes tot alle ingrediënten op zijn.
d) Serveer onmiddellijk.

71. PB&J Yoghurtparfait

INGREDIËNTEN:

- 1 kopje gewone Griekse yoghurt
- 2 eetlepels pindakaas
- 2 eetlepels gelei of jam
- ½ kopje muesli
- Toppings: verse bessen, hagelslag, gesneden bananen, enz.

INSTRUCTIES

a) Meng yoghurt, pindakaas en gelei of jam tot alles goed gemengd is.
b) Doe het yoghurtmengsel en de granola in een serveerglas of pot.
c) Voeg de gewenste toppings erbovenop toe.
d) Serveer en geniet!

PETITS VIER

72. Mini-meringue-kusjes

INGREDIËNTEN:
- 3 grote eiwitten, kamertemperatuur
- ¾ kopje (150 g) kristalsuiker
- ¼ theelepel wijnsteenroom (optioneel)
- Kleurstof voor levensmiddelen (optioneel)
- ½ theelepel vanille-extract (optioneel)

INSTRUCTIES:
a) Verwarm uw oven voor op 93°C (200°F) en bekleed een bakplaat met bakpapier.
b) In een schone, droge mengkom klop je de eiwitten schuimig. Voeg room van wijnsteen toe en blijf kloppen.
c) Voeg geleidelijk de kristalsuiker toe en blijf kloppen tot er stijve, glanzende pieken ontstaan. Voeg indien gewenst kleurstof en vanille-extract toe.
d) Doe het meringuemengsel in een spuitzak voorzien van een stervormig spuitmondje.
e) Spuit kleine kusjes op de voorbereide bakplaat.
f) Bak in de voorverwarmde oven gedurende ongeveer 1,5 tot 2 uur, of totdat de meringues droog zijn en gemakkelijk van het bakpapier kunnen worden verwijderd.

73. Chocolade truffels

INGREDIËNTEN:
- 225 g pure chocolade van hoge kwaliteit, fijngehakt
- ½ kopje (120 ml) slagroom
- 2 eetlepels ongezouten boter
- Cacaopoeder, poedersuiker of gehakte noten voor coating (optioneel)

INSTRUCTIES:
a) Doe de gehakte chocolade in een hittebestendige kom.
b) Verhit de slagroom en de boter in een pan op middelhoog vuur tot het net begint te koken. Laat het niet koken.
c) Giet het warme roommengsel over de gehakte chocolade. Laat het een minuutje staan en roer dan tot het glad en glanzend is.
d) Zet het mengsel ongeveer 2 uur in de koelkast of tot het stevig is.
e) Gebruik een lepel om porties van het mengsel uit te scheppen en rol ze in kleine balletjes ter grootte van een truffel.
f) Rol de truffels desgewenst door cacaopoeder, poedersuiker of gehakte noten.

74. Marsepein vormen

INGREDIËNTEN:
- 1 kop (225 g) amandelspijs
- 1 kop (120 g) poedersuiker
- 1 tot 2 eetlepels water
- Kleurstof voor levensmiddelen (optioneel)

INSTRUCTIES:
a) Meng de amandelspijs en de poedersuiker in een mengkom.
b) Voeg geleidelijk water toe en kneed het mengsel totdat het glad en soepel wordt. Voeg indien nodig meer water toe.
c) Verdeel de marsepein indien gewenst in kleinere porties en kleur ze elk met kleurstof.
d) Rol de marsepein uit op een met poedersuiker bestrooid oppervlak en steek met de koekjesvormpjes de gewenste vormen uit.

75. Met fruit gevulde Pâte de Fruits

INGREDIËNTEN:
- 2 kopjes fruitpuree (kies een vrucht naar keuze, zoals aardbei, framboos of abrikoos)
- ¼ kopje citroensap
- 4 kopjes kristalsuiker
- ½ kopje lichte glucosestroop
- ¼ kopje water
- ¼ kopje pectinepoeder
- Extra kristalsuiker voor coating

INSTRUCTIES:
a) Maak een vierkante of rechthoekige pan (20x20 cm of vergelijkbaar formaat) klaar door deze te bekleden met bakpapier en te bestrooien met kristalsuiker. Zo voorkom je dat de pâte de fruits gaan plakken.
b) Meng de fruitpuree en het citroensap in een pan. Roer goed en breng het mengsel op middelhoog vuur aan de kook. Laat het ongeveer 5 minuten sudderen, af en toe roeren.

c) Combineer de kristalsuiker, glucosestroop en water in een aparte grote pot. Roer op laag vuur tot de suiker volledig is opgelost.
d) Zodra het suikermengsel helder is, zet je het vuur middelhoog en breng je het aan de kook. Gebruik een snoepthermometer om de temperatuur te controleren. Je wilt dat de temperatuur 115°C (240°F) bereikt.
e) Terwijl het suikermengsel aan het opwarmen is, meng je het pectinepoeder met een beetje suiker om klonteren te voorkomen.
f) Wanneer de suikersiroop een temperatuur van 115°C bereikt, klop je snel het pectinemengsel erdoor. Blijf nog 2-3 minuten koken, onder voortdurend roeren.
g) Giet het hete suikermengsel voorzichtig onder voortdurend kloppen bij het fruitpureemengsel. Wees voorzichtig, want het mengsel zal gaan borrelen.
h) Kook het gecombineerde mengsel op middelhoog vuur, onder voortdurend roeren, tot het dikker wordt en loslaat van de zijkanten van de pan. Dit kan ongeveer 20-30 minuten duren.
i) Giet het verdikte mengsel in de voorbereide pan. Strijk het glad met een spatel, zodat er een gelijkmatige laag ontstaat.

j) Laat de pâte de fruits afkoelen en zet deze enkele uren of een hele nacht op kamertemperatuur.
k) Zodra het is uitgehard, haalt u het perkamentpapier uit de pan en legt u het op een snijplank. Gebruik een scherp mes om de pâte de fruits in kleine vierkantjes of vormen te snijden.
l) Rol de afzonderlijke stukjes door kristalsuiker om plakken te voorkomen.
m) Bewaar de met fruit gevulde pâte de fruits in een luchtdichte verpakking, waarbij de lagen gescheiden zijn door bakpapier om plakken te voorkomen.

76. Cocktailroomsoesjes

INGREDIËNTEN:

- ½ kopje Boter
- 1 kopje Meel
- 4 eieren
- 1 kopje Kokend water
- 2 eetlepels Boter
- 1 kopje Pecannoten, gehakt
- 1½ kopje Kip, gekookt
- ¼ theelepel Zout
- 3 ons roomkaas
- ¼ kopje Mayonaise
- ¼ theelepel Citroen schil

INSTRUCTIES:

a) Combineer boter en kokend water in een pan. Voeg bloem en zout toe en kook ongeveer 2 minuten of tot het een zachte bal vormt. Voeg de eieren één voor één toe en klop goed.

b) Schep theelepels mengsel op een ingevette bakplaat. Bak gedurende 20 - 22 minuten op 425 graden. Koel op rek.

c) Smelt boter in een koekenpan; voeg de pecannoten toe en kook op laag vuur tot ze bruin zijn. Koel af en combineer de resterende ingrediënten . Gebruik om slagroomsoesjes te vullen.

d) Snij een plakje van de bovenkant van de bladerdeeg en vul deze met kipvulling. Bovenbladen vervangen.

77.Mini-kaneelbroodjes

INGREDIËNTEN:
- 1 vel bladerdeeg, ontdooid
- 2 eetlepels ongezouten boter, gesmolten
- ¼ kopje kristalsuiker
- 1 eetlepel gemalen kaneel
- ¼ kopje poedersuiker (voor glazuur)
- 1-2 eetlepels melk (voor glazuur)

INSTRUCTIES:

a) Verwarm de oven voor op 200 °C.

b) Rol het ontdooide bladerdeegblad uit tot een rechthoekige vorm.

c) Bestrijk de gesmolten boter over het hele oppervlak van het bladerdeeg.

d) Meng in een kleine kom de kristalsuiker en gemalen kaneel.

e) Strooi het kaneelsuikermengsel gelijkmatig over het beboterde bladerdeeg.

f) Begin vanaf één lange rand en rol het bladerdeeg strak tot een blok.

g) Snijd het houtblok in kleine stukjes, ongeveer 1 inch breed.

h) Leg de plakjes kaneelbroodje op een bakplaat bekleed met bakpapier.

i) Bak in de voorverwarmde oven gedurende 12-15 minuten, of tot ze goudbruin en gepoft zijn.

j) Klop in een aparte kom de poedersuiker en de melk samen tot een glazuur.

k) Sprenkel het glazuur over de warme kaneelbroodjes.

l) Serveer deze heerlijke mini-kaneelbroodjes als een zoet en aromatisch gebakje.

78. Mini Fruitdeensetjes

INGREDIËNTEN:
- 1 vel bladerdeeg, ontdooid
- ½ kopje roomkaas, verzacht
- 2 eetlepels kristalsuiker
- ½ theelepel vanille-extract
- Geassorteerd vers fruit (zoals bessen, gesneden perziken of abrikozen)
- 1 ei, losgeklopt (voor het wassen van eieren)
- Poedersuiker om te bestuiven (optioneel)

INSTRUCTIES:

a) Verwarm de oven voor op 200 °C.

b) Rol het ontdooide bladerdeegblad uit en snijd het in kleine vierkanten of cirkels met een diameter van ongeveer 7,5 cm.

c) Plaats de deegvierkanten of -cirkels op een bakplaat bekleed met bakpapier.

d) Meng in een kom de zachte roomkaas, kristalsuiker en vanille-extract tot een gladde massa.

e) Verdeel een lepel van het roomkaasmengsel op elk vierkant of cirkel deeg, en laat een kleine rand langs de randen vrij.

f) Schik het verse fruit op de roomkaas, waardoor een kleurrijk en aantrekkelijk geheel ontstaat.

g) Bestrijk de randen van de gebakjes met losgeklopt ei.

h) Bak in de voorverwarmde oven gedurende 15-18 minuten, of tot het deeg goudbruin en gepoft is.

i) Haal ze uit de oven en laat ze iets afkoelen.

j) Eventueel bestrooien met poedersuiker.

k) Serveer deze mini-fruitdeense koekjes als een heerlijke en fruitige gebakjetraktatie.

TAARTJES EN TAARTJES

79. Minifruittaartjes met banketbakkersroom

INGREDIËNTEN:
VOOR HET GEBAKDEEG:
- 1 ¼ kopje bloem voor alle doeleinden
- ¼ kopje kristalsuiker
- ½ kopje ongezouten boter, koud en in blokjes
- 1 eierdooier
- 2-3 eetlepels ijswater

VOOR DE GEBAKCRÈME:
- 1 kopje volle melk
- ¼ kopje kristalsuiker
- 2 eierdooiers
- 2 eetlepels maizena
- ½ theelepel vanille-extract

VOOR MONTAGE:
- Geassorteerd vers fruit
- Abrikozenjam (voor glazuur)

INSTRUCTIES:
a) Meng bloem en suiker in een keukenmachine. Voeg koude boter toe en pulseer tot het mengsel op grove kruimels lijkt.
b) Voeg eierdooier en ijswater toe, eetlepel per keer, totdat het deeg samenkomt. Vorm het deeg tot een schijf, wikkel het in plasticfolie en zet het minimaal 30 minuten in de koelkast.
c) Verwarm uw oven voor op 190°C.
d) Rol het gekoelde deegdeeg uit op een met bloem bestoven oppervlak tot een dikte van ongeveer ⅛ inch. Knip kleine cirkels uit en druk ze in minitaartjesvormpjes. Prik de bodems in met een vork.
e) Bak de taartbodems gedurende 12-15 minuten of tot ze goudbruin zijn. Laat ze volledig afkoelen.
f) Verwarm voor de banketbakkersroom de melk in een pan op middelhoog vuur tot deze begint te stomen. Klop in een aparte kom de suiker, eidooiers, maizena en vanille-extract samen.
g) Giet langzaam de hete melk bij het eimengsel en blijf voortdurend kloppen. Doe het mengsel terug in de pan en kook op laag vuur, onder voortdurend roeren, tot het dikker wordt. Haal van het vuur en laat afkoelen.
h) Vul elke minitaartvorm met banketbakkersroom.
i) Verdeel het verse fruit over de banketbakkersroom.

j) Verwarm de abrikozenjam in een kleine pan tot deze vloeibaar wordt. Bestrijk het fruit voorzichtig met de gesmolten jam om de taartjes te glaceren.

k) Zet de taartjes minimaal 1 uur in de koelkast voordat u ze serveert. Genieten!

80. Mini-citroentaartjes

INGREDIËNTEN:
VOOR DE TAARTSCHELPEN:
- 1 ¼ kopje bloem voor alle doeleinden
- ¼ kopje poedersuiker
- ½ kopje ongezouten boter, koud en in blokjes

VOOR DE CITROENVULLING:
- ¾ kopje kristalsuiker
- 2 eetlepels maizena
- ¼ theelepel zout
- 3 grote eieren
- ½ kopje vers geperst citroensap
- Schil van 2 citroenen
- ¼ kopje ongezouten boter, in blokjes

INSTRUCTIES:
a) Meng de bloem en de poedersuiker in een keukenmachine. Voeg de koude, in blokjes gesneden boter toe en pulseer tot het mengsel op grove kruimels lijkt.

b) Druk het mengsel in minitaartjesvormpjes en bedek de bodem en zijkanten gelijkmatig. Prik de bodems in met een vork.

c) Zet de taartbodems ongeveer 30 minuten in de koelkast.

d) Verwarm uw oven voor op 175°C.

e) Bak de taartbodems gedurende 12-15 minuten of tot ze goudbruin zijn. Laat ze volledig afkoelen.

f) Klop in een pan de suiker, maizena en zout door elkaar. Klop geleidelijk de eieren, het citroensap en de citroenschil erdoor.

g) Kook het mengsel op middelhoog vuur, onder voortdurend roeren, tot het dikker wordt, ongeveer 5-7 minuten.

h) Haal van het vuur en roer de in blokjes gesneden boter erdoor tot een gladde massa.

i) Vul de afgekoelde taartschelpen met de citroenvulling.

j) Zet minimaal 1 uur in de koelkast voordat u het serveert. Eventueel voor het serveren bestrooien met poedersuiker.

k) Geniet van je mini-citroentaartjes!

81. Nougattaart met chocoladespiegelglazuur

INGREDIËNTEN:
VOOR DE RUMCRÈME (KERN):
- 110 ml crème
- 20 ml melk
- 2 eierdooiers (medium)
- 10 g suiker
- 1 vel gelatine, geweekt in ijskoud water
- 15 g witte couverture, fijngehakt
- 15 ml bruine rum

VOOR DE BROWNIEBASIS:
- 150 g pure chocoladecouverture (70%)
- 225 g boter
- 3 eieren (medium)
- 235 g suiker
- 110 g tarwemeel

VOOR DE NOUGATMOUSSE:
- 50 ml melk
- 1½ blaadjes gelatine, geweekt in ijskoud water
- 125 g nougat, in blokjes
- 75 g melkchocolade, gehakt
- 10 ml bruine rum
- 275 g room, opgeklopt tot romig

VOOR DE CHOCOLADESPIEGELGLAZUUR:
- 8 blaadjes gelatine, geweekt in ijskoud water
- 240 g suiker
- 100 ml water
- 80 g glucosestroop
- 80 g cacao
- 200 gram room

SERVEREN:
- Siliconen mal halve bol (7 cm en 5 cm)
- Koekjes uitsteker
- Spuitzak
- Gouden blad

INSTRUCTIES:
VOOR DE RUMCRÈME (KERN):
a) Meng de room en de melk in een pan en breng aan de kook.

b) Klop in een aparte kom de eierdooiers en de suiker door elkaar.
c) Giet het hete melkmengsel langzaam onder voortdurend roeren bij het eigeelmengsel.
d) Doe alles terug in de pan en laat het al roerend op middelhoog vuur sudderen tot het dikker wordt.
e) Haal van het vuur, knijp de geweekte gelatine eruit en los deze op in het hete mengsel.
f) Laat het ongeveer 10 minuten afkoelen en roer dan de bruine rum erdoor.
g) Doe de warme room in een spuitzak en vul bolletjesvormpjes van 5 cm tot ongeveer 2-3 mm onder de rand. Laat het in de koelkast opstijven en vervolgens een paar uur in de vriezer stollen.

VOOR DE BROWNIEBASIS:
h) Smelt de couverture van pure chocolade en de boter in een kleine pan op laag vuur.
i) Meng de eieren en suiker in een kom tot het licht en schuimig is.
j) Voeg het iets afgekoelde chocolade-botermengsel toe aan het eimengsel en roer goed.
k) Zeef de bloem boven het mengsel en roer het erdoor.
l) Verdeel het browniebeslag gelijkmatig over een bakplaat bekleed met bakpapier.
m) Bak op 180 graden Celsius gedurende ongeveer 15-18 minuten. Laat afkoelen en steek er met een koekjesvormer van 7 cm 6 cirkels uit.

VOOR DE NOUGATMOUSSE:
n) Verwarm de melk in een kleine pan en breng het aan de kook.
o) Knijp de geweekte gelatine uit en los deze op in de hete melk.
p) Voeg de nougat en de melkchocolade toe en laat 1-2 minuten staan. Roer tot een gladde massa.
q) Roer de bruine rum erdoor en spatel de slagroom erdoor.
r) Doe de nougatmousse in een spuitzak zonder spuitmondje.

MONTAGE:
s) Haal de bevroren rumcrème uit de vriezer en vorm.
t) Spuit de nougatmousse in de halve bolvormen van 7 cm en vul ze voor de helft. Druk de rumcrème zo in de mousse dat de nougatmousse bijna tot de rand wordt aangedrukt.
u) Voeg een klodder nougatmousse toe aan de rumcrème en plaats er een browniebasis bovenop. Druk het voorzichtig in het mengsel.

v) Plaats de taartjes in de vriezer en laat ze ongeveer 4 uur of een hele nacht opstijven.

VOOR DE CHOCOLADESPIEGELGLAZUUR:

w) Meng water, suiker en glucosestroop in een pot. Breng aan de kook en laat sudderen tot de suiker volledig is opgelost (ongeveer 2 minuten).

x) Haal van het vuur, knijp de geweekte gelatine eruit en los deze op in de vloeistof.

y) Voeg onmiddellijk cacaopoeder toe en klop krachtig. Roer vervolgens de room erdoor.

z) Zeef de Spiegel Glazuur door een fijne zeef in een kan. Bedek het oppervlak met huishoudfolie om velvorming te voorkomen.

aa) De Spiegel Glazuur moet vóór gebruik een temperatuur van ongeveer 32-35 graden Celsius hebben.

AF TE MAKEN:

bb) Haal de taartjes uit de vriezer en plaats ze op een rooster (bovenop een bakplaat).

cc) Giet snel de Chocolate Spiegel Glazuur over de taartjes in een cirkelvormige beweging.

dd) Haal de taartjes uit het rooster en laat ze ongeveer 2 uur op kamertemperatuur of in de koelkast ontdooien.

ee) Versier voor het serveren met bladgoud.

82. Beroep-karamel-spiegelglazuurtaartjes

INGREDIËNTEN:
VOOR DE VANILLE BASIS:
- 125 g suiker
- 125 g bloem
- 125 g zachte boter
- 2 eieren
- 1 theelepel bakpoeder
- 1 snufje zout
- 1 theelepel vanille-extract

VOOR DE BEROEPCOMPOTE:
- 4 Zure beroeps
- 3 eetlepels suiker
- 2 eetlepels bruine rum (of beroepsap)
- 1 theelepel kaneel

VOOR DE ROOM:

- 300 g magere kwark
- 300 ml slagroom
- 70 g poedersuiker
- 6 theelepel Crèmestabilisator
- 1 theelepel vanille-extract

VOOR DE KARAMEL SPIEGELGLAZUUR:
- 200 gram suiker
- 100 ml water
- 20 g maizena
- 200 g slagroom
- 1 snufje zout
- 10 g gelatine

VOOR DECORATIE:
- Beroepchips
- Hazelnoot broos
- Gouden suikerhagelslag

INSTRUCTIES:
a) Verwarm de oven voor op 170°C, zowel boven- als onderwarmte. Vet een bakvorm van ongeveer 30x40 cm in met boter en bekleed deze met bakpapier.

b) Meng in een mengkom alle ingrediënten voor de vanillebasis en klop met een handmixer of keukenmachine ongeveer 1 minuut tot er een glad deeg ontstaat. Voeg indien nodig een scheutje melk toe om de gewenste consistentie te bereiken. Het deeg moet licht en luchtig zijn, maar niet te vloeibaar.
c) Giet het vanillebasisdeeg in de voorbereide pan en verdeel het gelijkmatig over de bodem. Bak de bodem ongeveer 10 minuten op 170°C. Controleer de gaarheid met behulp van de eetstokjestest.
d) Terwijl de bodem bakt, maak je de beroeps schoon en snijd ze in blokjes van 3-5 mm. Laat de beroepblokjes met suiker, bruine rum (of beroepsap) en kaneel ongeveer 30 minuten sudderen tot het mengsel iets dikker wordt.
e) Zodra de beroeps en de vanillebasis zijn afgekoeld, bereidt u de room voor. Klop in een kom de kwark, de room, het vanille-extract, de poedersuiker en de roomstabilisator stijf.
f) Gebruik een ronde uitsteker om acht cirkels uit de vanillebasis te snijden. (Je kunt de resterende vanillebasis idealiter gebruiken voor cakepops). Vul de vormpjes ongeveer ⅓ vol met de kwarkcrème. Gebruik vervolgens een lepel om de kwarkcrème langs de zijkanten van de vormpjes te verdelen, zodat de bodem goed bedekt is met room.
g) Doe een eetlepel beroepcompote in de vormpjes. Plaats er een vanillebasiscirkel bovenop en zorg ervoor dat deze gelijk ligt met het uiteinde van de vorm. Vries de taartjes minimaal 6 uur in, bij voorkeur een hele nacht. Haal ze uit de vriezer zodra de Spiegel Glazuur de perfecte temperatuur van 35°C heeft bereikt.

VOOR DE SPIEGELGLAZUUR

h) Week de gelatine volgens de instructies op de verpakking met extra water. Meng 20 g maizena met 20 g water (gelijk aan 100 ml). Karameliseer de suiker in een kleine pan op laag vuur terwijl je voortdurend roert. Zodra het amberkleurig wordt, haal je het van het vuur en roer je voorzichtig het water erdoor. Wees voorzichtig, want het zal snel opborrelen door het water en de stoom.
i) Roer het maïzena door het gekaramelliseerde water en breng het opnieuw aan de kook op het vuur. Het duurt ongeveer 2 minuten voordat het zetmeel volledig heeft gereageerd. Haal de karamel van het vuur en roer de room en het zout erdoor. Voeg de geweekte

gelatine toe en roer goed. Giet het mengsel in een bakje en laat het afkoelen tot ongeveer 35°C.

j) Haal de taartjes uit de vriezer en haal ze uit de vormpjes. Plaats ze op een rooster boven een kom of ovenschaal en giet de Spiegel Glazuur erover. Na elke gietbeurt kunt u de verzamelde Spiegel Glazuur opnieuw gebruiken. Voor een gelijkmatige afwerking heeft u mogelijk tussen de 3 en 5 lagen nodig.

k) Plaats de gegoten taartjes in een smalle bak en garneer de bodem met bros. Doe de resterende crèmevulling in een spuitzak met stermondje. Spuit een decoratieve toef op elke taart. Steek een beroepchipje in de zijkant van elke taart en voeg wat gouden suikerhagelslag toe voor de finishing touch.

l) Bewaar de taartjes in de koelkast tot ze klaar zijn om te serveren. Geniet van je Apple Caramel Spiegel Glazuur-taartjes!

83. Tarte Aux Pommes / Frank beroeptaart

INGREDIËNTEN:

- Een gedeeltelijk gebakken bladerdeegschaal van 20 cm op een beboterde bakplaat
- 3 tot 4 kopjes dikke, niet-gearomatiseerde beroepmoes
- ½ tot ⅔ kopje kristalsuiker
- 3 eetlepels beroepbrandewijn, cognac of rum, of 1 eetlepel vanille-extract
- De geraspte schil van 1 citroen
- 2 eetl. boter
- 2 tot 3 beroeps, geschild en in de lengte in plakjes van ⅛ inch gesneden
- ½ kopje abrikozenjam, gezeefd en gekookt tot 228 graden met 2 eetlepels suiker

INSTRUCTIES:

Verwarm de oven voor op 375 graden.

Roer ½ tot ⅔ kopje suiker door de beroepmoes, voeg de likeur of vanille en de citroenschil toe. Kook, onder regelmatig roeren, tot de saus dik genoeg is om een massa in de lepel te houden. Roer de boter erdoor en draai de beroepmoes in de bladerdeegschaal en vul deze bijna tot de rand. Schik dicht overlappende rauwe beroepschijfjes in concentrische cirkels over de bovenkant. Bak gedurende 30 minuten in de voorverwarmde oven. Ontvorm de taart op een serveerschaal; Verf de boven- en zijkanten met warme abrikozenjam. Serveer warm, warm of koud, eventueel vergezeld van lichtgeklopte room.

84. Passievrucht-, anijs- en honingtaart

INGREDIËNTEN:
HAZELNOOT EN ANIJS KORTE KORSTGEBAK:
- 80 g farina Bóna (geroosterd maïsmeel) of bruine rijstmeel
- 84 g maizena of aardberoepzetmeel
- 120 g koude en in blokjes gesneden boter
- 80 g poedersuiker
- 32 g hazelnootmeel
- 4 g vanillepoeder
- 3g anijs
- 1 g Maldonzout
- 40 g rauwe hazelnootboter
- 36 g ongezoete amandelmelk of melk naar keuze

HONING-, ANIJSZAAD- EN CITROENSPONSKOEKJE:
- 170 g amandelspijs 50% (marsepein)
- 80 g Tawari-honing of honing naar keuze
- 200 g eieren, op kamertemperatuur
- 95 g farina Bóna of bruine rijstmeel
- 41 g maizena of aardberoepzetmeel
- 4 g (¾ theelepel + ⅛ theelepel) bakpoeder
- 144 g boter
- 4 g citroenschil (1 citroen)
- 30 g citroensap
- ¼ theelepel Maldonzout
- 1 theelepel anijszaad

PASSIEFRUIT INSPIRATIE EN BIJENSTUILFCRÉMEUX:
- 120 g passievruchtenpuree
- 14 g Tawari-honing of honing naar keuze
- 3,6 g gelatineblaadjes, goudsterkte (200 Bloom)
- 18 g koud water om de gelatineblaadjes te laten weken
- 187g Passievrucht Inspiratiecouverture
- 240 g slagroom (35% vetgehalte), koud
- 14g bergbloemen bijenpollen of bijenpollen naar keuze

PASSIEFRUIT INSPIRATIEMOUSSE QUENELLES:
- 100 g passievruchtenpuree
- 2,4 g gelatineblaadjes, goudsterkte (200 Bloom)
- 12 g koud water om de gelatineblaadjes te laten weken
- 75g Passievrucht Inspiratiecouverture
- 118 g slagroom (35% vetgehalte), koud

PASSIEFRUIT SPIEGELGLAZUUR:
- 104 g kristalsuiker
- 104 g passievruchtenpuree
- 65 g dextrosesuikerpoeder
- 88 g gezoete gecondenseerde melk
- 6,4 g gelatineblaadjes, goudsterkte (200 Bloom)
- 32 g koud water om de gelatineblaadjes te laten weken
- 52 g cacaoboter
- 120 g Absolu Cristal (neutrale gelatine)

MONTAGE EN DECORATIE:
- Getempereerde Passievrucht Inspiratie couverture dunne halve manen
- Getempereerde Passievrucht Inspiratie couverture kleine vierkantjes
- 34% witte chocolade krokante parels
- Eetbare bloemen

INSTRUCTIES:
HAZELNOOT EN ANIJS KORTE KORSTGEBAK:
a) Meng farina Bóna, maizena, boter, poedersuiker, hazelnootmeel, vanillepoeder, anijszaad en zout tot het op fijn broodkruim lijkt.
b) Meng de hazelnootboter en de koude amandelmelk en voeg dit toe aan het mengsel tot een deeg.
c) Druk het tot een vierkant, wikkel het in plasticfolie en zet het een nacht in de koelkast.
d) Verwarm de oven voor op 160°C en bereid de taartringen.
e) Rol het gekoelde deeg uit en snijd de bodem en zijkanten uit voor de taartjes. Vries in en bak vervolgens goudbruin.

HONING-, ANIJSZAAD- EN CITROENSPONSKOEKJE:
f) Verwarm de oven voor op 170°C en leg een siliconen Swiss rolmat klaar.
g) Meng gesmolten boter met citroenschil, citroensap en zout. Laat afkoelen.
h) Klop de amandelspijs en de honing door elkaar, voeg de eieren toe en klop tot het bleek en luchtig is.
i) Voeg de droge ingrediënten en het anijszaad toe en spatel vervolgens het botermengsel erdoor.
j) Bak tot ze goudbruin en gepoft zijn en snij vervolgens cirkels met een cakering.

PASSIEFRUIT INSPIRATIE EN BIJENSTUILFCRÉMEUX:
k) Week de gelatineblaadjes in koud water.
l) Smelt Passievrucht Inspiratie couverture.
m) Verwarm de passievruchtenpuree en de honing, voeg de geweekte gelatineblaadjes toe om op te lossen en voeg toe aan de gesmolten couverture.
n) Meng tot een glad en glanzend mengsel en voeg dan de koude bijenpollen-slagroom toe.
o) Verdeel de crémeux in taartjes en laat afkoelen.

PASSIEFRUIT INSPIRATIEMOUSSE QUENELLES:
p) Week de gelatineblaadjes in koud water.
q) Smelt Passievrucht Inspiratie couverture.
r) Verwarm de passievruchtenpuree, voeg de geweekte gelatineblaadjes toe om op te lossen en voeg toe aan de gesmolten couverture.
s) Klop de koude slagroom half stijf en spatel het passievruchtenmengsel erdoor.
t) Invriezen in quenelle-siliconenvormpjes.

PASSIEFRUIT SPIEGELGLAZUUR (op basis van cacaoboter):
u) Week de gelatineblaadjes in koud water.
v) Meng de basterdsuiker, passievruchtenpuree, dextrosesuikerpoeder en de gezoete gecondenseerde melk in een pan en verwarm tot 104°C.
w) Haal van het vuur, voeg cacaoboter, uitgelekte gelatineblaadjes en Absolu Cristal toe. Emulgeren met een handblender.
x) Zeef en koel af tot 27-28°C.

MONTAGE EN DECORATIE:
y) Garneer elk taartje met getempereerde Passion Fruit Inspiration couverturevierkantjes, halve manen, knapperige parels van witte chocolade en eetbare bloemen.
z) Geniet van je passievrucht-, anijs- en honingtaart!

85. Chocoladetaart Met Gezouten Karamelmousse

INGREDIËNTEN:
VOOR HET CHOCOLADE KORTE KORSTGEBAK:
- 2 kopjes bloem voor alle doeleinden, plus extra om te bestuiven
- 2 eetlepels poedersuiker
- 2 eetlepels cacaopoeder
- 10 eetlepels (5 ounces) ongezouten boter, gekoeld en in blokjes
- 2 grote eierdooiers
- 1 theelepel citroensap
- 2 eetlepels koud water

VOOR DE CHOCOLADEVULLING:
- ⅔ kopje slagroom
- ⅓ kopje melk
- 7 ons halfzoete chocolade (55-70% cacao), in blokjes gesneden
- 1 theelepel vanille-extract
- 2 grote eieren, kamertemperatuur
- Snufje zout
- 2 eetlepels suiker

VOOR DE GEZOUTEN KARAMELMOUSSE:
- 1 kopje zware room, verdeeld
- 1 eetlepel maizena
- 2 eetlepels water, verdeeld
- ¼ kopje suiker
- 1 eetlepel boter, kamertemperatuur
- ¼ theelepel zout
- ½ theelepel vanillebonenpasta

VOOR DE CHOCOLADESPIEGELGLAZUUR:
- ⅓ kopje slagroom
- ½ kopje kristalsuiker
- 3/8 kop (6 eetlepels) water
- ⅓ kopje cacaopoeder, gezeefd
- 2 blaadjes gelatine, 10 minuten geweekt in koud water

VOOR DECORATIE:
- ¾ kopje superfijne (bakkers)suiker
- 2 eetlepels water
- Grof zeezout

INSTRUCTIES:
VOOR HET CHOCOLADE KORTE KORSTGEBAK:

a) Zeef de bloem, poedersuiker en cacaopoeder in een kom.
b) Wrijf de boter erdoor met uw vingertoppen.
c) Voeg eidooiers, citroensap en water toe. Breng het deeg samen met je handen. Voeg eventueel nog een scheutje water toe als het te droog is.
d) Wikkel het deeg in plasticfolie en leg het 5 minuten in de vriezer of 15 minuten in de koelkast.
e) Verwarm de oven voor op 400 ° F.
f) Rol het deeg uit tot een dikte van ⅛ inch op een licht met bloem bestoven oppervlak.
g) Breng het voorzichtig over naar een 9-inch ronde taartvorm met losse bodem.
h) Druk het deeg in de zijkanten van de pan en prik het deeg helemaal in.
i) Bekleed hem met verfrommeld bakpapier en vul hem met bakbonen.
j) Plaats de pan op een bakplaat en bak gedurende 15 minuten, verwijder dan het bakpapier en de bonen en bak nog eens 10-15 minuten.
k) Zet opzij om af te koelen.

VOOR DE CHOCOLADEVULLING:
l) Verlaag de oventemperatuur tot 325 ° F.
m) Breng in een middelgrote pan de room en de melk op middelhoog vuur aan de kook. Haal van het vuur en voeg de chocolade en vanille toe. Roer tot de chocolade volledig gesmolten is.
n) Klop de eieren, suiker en zout door elkaar.
o) Klop een kleine hoeveelheid van het warme chocolademengsel door het eimengsel om het te temperen.
p) Doe het getempereerde eiermengsel terug in de pan met de rest van de chocolade en klop tot een gladde massa.
q) Giet de chocoladevulling door een zeef in een kom en giet het vervolgens in de voorbereide korst, waarbij de korst slechts halfvol is.
r) Bak gedurende 15-20 minuten, totdat het grootste deel van de vulling gestold is en alleen het midden een beetje beweegt.
s) Laat 15 minuten afkoelen in de pan, verwijder dan de taartring en laat de taart afkoelen.

VOOR DE GEZOUTEN KARAMELMOUSSE:
t) Verwarm ¼ kopje room tot het heet is; zet het dan opzij.
u) Combineer maïzena met 1 eetlepel water in een kleine kom en zet het opzij.

v) Doe de suiker en 1 eetlepel water in een middelgrote pan op middelhoog vuur en kook zonder te roeren tot de suiker oplost en karamelkleurig wordt.
w) Haal van het vuur en voeg de hete room en boter toe. Wees voorzichtig, want het kan borrelen.
x) Roer tot het mengsel glad is.
y) Voeg het maïzenamengsel toe en breng aan de kook. Kook tot de karamel dik en bruisend is, ongeveer een minuut, onder voortdurend roeren.
z) Haal van het vuur, voeg vanille en zout toe.
aa) Giet het in een kom, dek af en zet in de koelkast om af te koelen.
bb) Klop de resterende ¾ kopje room stijf.
cc) Spatel een derde van de slagroom door het karamelmengsel en spatel vervolgens de resterende slagroom erdoor.
dd) Verdeel de mousse over de afgekoelde taartvulling en maak het oppervlak zo glad en vlak mogelijk.
ee) Laat de taart afkoelen terwijl u het glazuur maakt.

VOOR DE CHOCOLADESPIEGELGLAZUUR:
ff) Breng room, basterdsuiker en water aan de kook in een middelgrote pan.
gg) Klop het cacaopoeder erdoor en kook een paar minuten, onder voortdurend kloppen.
hh) Giet het mengsel door een fijnmazige zeef in een grote maatbeker met schenktuit en laat afkoelen tot 140°F.
ii) Knijp het overtollige water uit de gelatine en voeg de zachte gelatine toe aan het chocolademengsel. Roer om op te lossen.
jj) Giet het glazuur over de gekoelde taart. Zet de taart in de koelkast om af te koelen.

VOOR DECORATIE:
kk) Verwarm de superfijne suiker met 2 eetlepels water tot de suiker oplost en karamelkleurig wordt.
ll) Giet de karamel op een siliconenvel en zet het opzij om af te koelen en op te stijven.
mm) Eenmaal afgekoeld, breek je de karamel in stukjes en doe je deze in een keukenmachine. Blitz tot fijne kruimels.
nn) Verwarm de ovengrill voor.
oo) Strooi de verpulverde karamel op een siliconenmatje en maak vormen met een koekjesvormer als stencil.

pp) Plaats het onder de grill gedurende 2 minuten of tot het gesmolten is (let goed op om verbranding te voorkomen).
qq) Laat de karamelwafeltjes afkoelen op de siliconenmat.
rr) Eenmaal afgekoeld, gebruik je ze om de taart te versieren en bestrooi je de taart met grof zeezout.
ss) Serveer onmiddellijk of bewaar in de koelkast tot het klaar is om te serveren.

86. Bramentaart met spiegel van witte chocolade

INGREDIËNTEN:
VOOR DE KORST:
- 1 ½ kopjes graham crackerkruimels
- ¼ kopje kristalsuiker
- ½ kopje ongezouten boter, gesmolten

VOOR DE CHEESECAKE-VULLING:
- 16 ons (2 kopjes) roomkaas, verzacht
- ½ kopje kristalsuiker
- 2 grote eieren
- 1 theelepel vanille-extract
- ¼ kopje zure room
- ¼ kopje bloem voor alle doeleinden

VOOR DE BLACKBERRY COMPOTE:
- 2 kopjes verse bramen
- ¼ kopje kristalsuiker
- 1 eetlepel citroensap
- 1 eetlepel maïzena gemengd met 2 eetlepels water

VOOR DE WITTE CHOCOLADE SPIEGELGLAZUUR:
- 1 kopje witte chocoladestukjes
- ½ kopje zware room
- 2 eetlepels glucosestroop

INSTRUCTIES:
VOOR DE KORST:
a) Verwarm uw oven voor op 175°C.
b) Meng in een kom de crackerkruimels van Graham, de kristalsuiker en de gesmolten boter. Meng tot het mengsel op nat zand lijkt.
c) Druk het mengsel in de bodem en langs de zijkanten van een 9-inch taartvorm met een verwijderbare bodem.
d) Bak de korst ongeveer 10 minuten, of tot hij licht goudbruin is. Haal het uit de oven en laat het afkoelen terwijl je de vulling klaarmaakt.

VOOR DE CHEESECAKE-VULLING:
e) Klop in een grote mengkom de zachte roomkaas en de kristalsuiker tot een gladde massa.
f) Voeg de eieren één voor één toe en meng goed na elke toevoeging.
g) Roer het vanille-extract, de zure room en de bloem erdoor tot het mengsel goed gemengd en glad is.
h) Giet de cheesecakevulling in de afgekoelde korst.

VOOR DE BLACKBERRY COMPOTE:
i) Meng in een pan de verse bramen, kristalsuiker en citroensap.
j) Kook op middelhoog vuur, af en toe roerend, tot de bessen uiteenvallen en hun sappen vrijgeven, en het mengsel iets dikker wordt.
k) Roer het maizena-watermengsel erdoor en kook nog een paar minuten tot de compote is ingedikt. Haal van het vuur en laat afkoelen.

MONTAGE:
l) Zodra de bramencompote is afgekoeld, schep je deze over de cheesecakevulling in de taartbodem. Je kunt desgewenst een wervelpatroon maken.
m) Zet de taart in de koelkast en laat hem minimaal 2 uur afkoelen tot hij stevig is.

VOOR DE WITTE CHOCOLADE SPIEGELGLAZUUR:
n) Combineer de witte chocoladestukjes, slagroom en glucosestroop in een magnetronbestendige kom.
o) Magnetron met tussenpozen van 30 seconden, roer na elke keer, totdat het mengsel glad is en de chocolade volledig is gesmolten.
p) Laat het glazuur iets afkoelen.

AFWERKING:

q) Haal de taart voorzichtig uit de taartvorm en plaats deze op een serveerschaal.
r) Giet het licht afgekoelde spiegelglazuur van witte chocolade over de bovenkant van de taart, zodat het over de randen vloeit en een glanzende afwerking creëert.
s) Laat het glazuur een paar minuten inwerken.
t) Versier de bovenkant eventueel met extra verse bramen.

87. Taartjes van bramen en kamille

INGREDIËNTEN:
VOOR HET AMANDEL- EN KAMILLELKORSTGEBAKJE:
- 90 g bruine rijstmeel (of rijstmeel)
- 32 g Teffmeel (of rijstmeel)
- 38 g rauw amandelmeel (of wit amandelmeel)
- 24 g maizena
- 94 g boter, koud en in blokjes
- 64 g poedersuiker
- Een snufje (⅛ theelepel) Maldonzout
- 25 g eieren
- 6 g gedroogde kamillebloemen

VOOR DE BRAAMBESSENCOMPOTE:
- 85 g verse bramen
- 85 g bramenpuree
- 20 g glucosestroop
- 12 g acaciahoning
- 3g pectine NH
- 23 g rietsuiker (of basterdsuiker)

VOOR DE KAMILLE-, CHOCOLADE- EN VANILLECRÉMEUX:
- 2½g gelatineblaadjes, goudsterkte (200 Bloom)
- 13 g koud water om de gelatineblaadjes te laten weken
- 128 g ongezoete amandelmelk (of koemelk met een vetgehalte van 3½%)
- 128 g slagroom met een vetgehalte van 35%
- 6 g gedroogde kamillebloemen
- 50 g eidooiers
- 25 g rietsuiker (of basterdsuiker)
- 1 vanilleboon
- 183g 35% witte chocolade

VOOR DE BRAAMBESSEN GESLAGDE GANACHE:
- 1,6 g gelatineblaadjes, goudsterkte (200 Bloom)
- 8 g koud water om de gelatineblaadjes te laten weken
- 42g 35% witte chocolade
- 42 g cacaoboter
- 67 g slagroom met een vetgehalte van 35%
- 67 g mascarpone, op kamertemperatuur
- 220 g bramenpuree, op kamertemperatuur

VOOR DE RUBY CHOCOLADE CRUNCHY COATING:

- 500 g Ruby-chocolade
- 50 g cacaoboter
- 15 g zoete amandelolie (of plantaardige olie naar keuze)

VOOR DE RUBY CHOCOLADE SPIEGELGLAZUUR:
- 92 g ongezoete amandelmelk (of koemelk met een vetgehalte van 3½%)
- 80 g kristalsuiker
- 92 g trehalosesuiker (of basterdsuiker)
- 172 g glucosestroop DE 40
- 10 g gelatineblaadjes, goudsterkte (200 Bloom)
- 50 g koud water om de gelatineblaadjes te laten weken
- 208 g Robijnrode chocolade
- 80 g Absolu Cristal (neutrale gelatine)
- ¼ theelepel rode biet (natuurlijke kleurstof voor levensmiddelen)
- 1 theelepel Goji-bessen (natuurlijke kleurstof voor levensmiddelen)

VOOR MONTAGE EN DECORATIE:
- Verse bramen
- Eetbare bloemen

INSTRUCTIES:
VOOR HET AMANDEL- EN KAMILLELKORSTGEBAKJE:
a) Meng de poedersuiker met kamillebloemen in een mini-keukenmachine tot een fijn poeder.

b) Meng in een keukenmixer met het paddle-opzetstuk boter, rijstmeel, teffmeel, amandelmeel, maizena, poedersuiker met kamillesmaak en zout tot het mengsel op fijn broodkruim lijkt.

c) Voeg de eieren toe en klop op lage snelheid tot het deeg samenkomt.

d) Druk het deeg uit tot een plat vierkant, dek het in plasticfolie en zet het een nacht in de koelkast.

e) Rol het gekoelde deeg uit en bekleed de taartvormpjes. Zet minimaal 1 uur in de vriezer.

VOOR DE BRAAMBESSENCOMPOTE:
f) Combineer verse bramen, bramenpuree, glucosestroop en honing in een pan. Verwarm tot 40°C.

g) Meng suiker en pectine NH in een kleine kom en voeg vervolgens toe aan het warme bramenmengsel.

h) Breng aan de kook en kook ongeveer 1 minuut.

i) Giet het mengsel in een ovenschaal, dek af met huishoudfolie erop en zet het 1 uur in de koelkast.
j) Meng de gekoelde compote tot een gladde gel en spuit deze in de taartjes. Vries ongeveer 1 uur in.

VOOR DE KAMILLE-, CHOCOLADE- EN VANILLECRÉMEUX:
k) Week de gelatineblaadjes in koud water.
l) Giet gedroogde kamillebloemen in een mengsel van amandelmelk en slagroom.
m) Zeef en weeg de gezeefde vloeistof om 256 g te verkrijgen (voeg indien nodig extra room en melk toe).
n) Maak crème anglaise met eidooiers, suiker en vanille. Verwarm tot 82-85°C.
o) Giet de crème anglaise over de witte chocolade, voeg de geweekte gelatine toe en emulgeer.
p) Giet de crémeux over de bevroren bramencompote en zet 12 uur in de koelkast.

VOOR DE BRAAMBESSEN GESLAGDE GANACHE:
q) Week de gelatineblaadjes in koud water.
r) Verwarm de room, voeg de geweekte gelatine toe en giet over de witte chocolade en cacaoboter.
s) Emulgeren, mascarpone en bramenpuree toevoegen en mixen tot een gladde massa.
t) Spuit de ganache in siliconenvormpjes en vries minimaal 2 uur in.

VOOR DE RUBY CHOCOLADE CRUNCHY COATING:
u) Smelt Ruby-chocolade en cacaoboter en voeg vervolgens amandelolie toe.
v) Dompel de taartjes in de coating en laat ze uitharden.

VOOR DE RUBY CHOCOLADE SPIEGELGLAZUUR:
w) Week de gelatineblaadjes in koud water.
x) Verwarm de amandelmelk, basterdsuiker, trehalosesuiker en glucosestroop tot 104°C.
y) Giet de Ruby-chocolade erover, emulgeer en voeg de geweekte gelatine toe.
z) Meng, voeg kleurstoffen toe en zeef.
aa) Laat afkoelen tot 32-35°C en glaceer de bevroren ganacheschijfjes.
bb) Versier met verse bramen en eetbare bloemen.

88. Mini-chocoladeganachetaartjes

INGREDIËNTEN:
VOOR DE TAARTSCHELPEN:
- 1 ¼ kopje bloem voor alle doeleinden
- ¼ kopje cacaopoeder
- ¼ kopje kristalsuiker
- ½ kopje ongezouten boter, koud en in blokjes

VOOR DE CHOCOLADEGANACHE:
- ½ kopje zware room
- 6 ons halfzoete chocolade, fijngehakt
- 1 eetlepel ongezouten boter

INSTRUCTIES:
a) Meng de bloem, het cacaopoeder en de suiker in een keukenmachine. Voeg de koude, in blokjes gesneden boter toe en pulseer tot het mengsel op grove kruimels lijkt.
b) Druk het mengsel in minitaartjesvormpjes en bedek de bodem en zijkanten gelijkmatig. Prik de bodems in met een vork.
c) Zet de taartbodems ongeveer 30 minuten in de koelkast.
d) Verwarm uw oven voor op 175°C.
e) Bak de taartbodems gedurende 12-15 minuten of tot ze enigszins stevig worden. Laat ze volledig afkoelen.
f) Verhit de slagroom in een kleine pan op middelhoog vuur tot deze begint te koken.
g) Doe de gehakte chocolade in een hittebestendige kom en giet de hete room erover. Laat het een minuutje staan en roer dan tot een gladde massa.
h) Roer de eetlepel boter erdoor tot deze volledig is opgenomen.
i) Vul de afgekoelde taartschelpen met de chocoladeganache.
j) Laat de ganache ongeveer 1 uur op kamertemperatuur komen, of tot hij stevig is.

89. Mini frambozen-amandeltaartjes

INGREDIËNTEN:
VOOR DE TAARTSCHELPEN:
- 1 ¼ kopje bloem voor alle doeleinden
- ¼ kopje poedersuiker
- ½ kopje ongezouten boter, koud en in blokjes

VOOR DE AMANDELVULLING:
- ½ kopje amandelmeel
- ¼ kopje kristalsuiker
- ¼ kopje ongezouten boter, verzacht
- 1 groot ei
- ½ theelepel amandelextract

VOOR MONTAGE:
- Verse frambozen
- Gesneden amandelen

INSTRUCTIES:
BEREIDING VAN DE TAARTSCHELPEN:
a) Meng het bloem voor alle doeleinden en de poedersuiker in een mengkom.
b) Voeg de koude, in blokjes gesneden ongezouten boter toe aan het bloemmengsel.
c) Gebruik een deegsnijder of je vingers om de boter door de bloem te roeren totdat het mengsel op grove kruimels lijkt.

VORM HET DEEG:
d) Voeg geleidelijk het koude water toe aan het bloem- en botermengsel, beetje bij beetje, en meng tot het deeg net samenkomt.
e) Vorm het deeg tot een schijf, wikkel het in plasticfolie en leg het minimaal 30 minuten in de koelkast.
f) Verwarm uw oven voor op 175°C.
g) Rol het gekoelde deeg op een met bloem bestoven oppervlak uit tot een dikte van ongeveer ⅛ inch.
h) Gebruik een ronde uitsteker of een glas om cirkels uit te snijden die iets groter zijn dan de minitaartjes die je gebruikt.
i) Druk de deegcirkels voorzichtig in de minitaartjesvormpjes en zorg ervoor dat ze de bodem en zijkanten gelijkmatig bedekken. Snijd eventueel overtollig deeg af.

j) Meng in een mengkom het amandelmeel, de kristalsuiker, de zachte ongezouten boter, het ei en het amandelextract. Meng tot alles goed gemengd is.

VUL DE TARTLETJES:

k) Schep de amandelvulling gelijkmatig in elk taartje en vul ze ongeveer halverwege.

l) Plaats verse frambozen op de amandelvulling in elk taartje. Je kunt ze rangschikken zoals je wilt, maar het oppervlak bedekken met frambozen ziet er aantrekkelijk uit.

BAK DE TARTJES:

m) Plaats de gevulde taartvormpjes op een bakplaat en bak ze in de voorverwarmde oven gedurende ongeveer 15-18 minuten, of tot de amandelvulling gestold is en de randen van de taartjes goudbruin zijn.

n) Laat de mini-frambozen-amandeltaartjes iets afkoelen voordat u ze uit de taartvormpjes haalt.

o) Strooi eventueel gesneden amandelen over de bovenkant van de taartjes voor extra knapperigheid en decoratie.

p) Serveer de taartjes warm of op kamertemperatuur als heerlijk dessert of traktatie.

MOUSSE EN ENTREMETS

90. Koepels van chocoladespiegelmousse

INGREDIËNTEN:
ORANJE CREMEUX
- ⅓ kopje sinaasberoepsap
- 1 theelepel sinaasberoepschil
- 1 eetlepel suiker
- 2 eetlepels room
- 1 eierdooier
- ½ theelepel gelatinepoeder
- 1 eetlepel sinaasberoepsap
- Gekonfijte sinaasberoepschil, gehakt

ORANJE GENOISE
- 3 eieren
- ⅓ kopje suiker
- ¾ kopje bloem voor alle doeleinden
- 1 ½ eetlepel boter, gesmolten
- 1 theelepel sinaasberoepschil

VOOR HET DWEKEN VAN DE GENOISE
- 2 eetlepels Sinaasberoeplikeur

CHOCOLADE MOUSSE
- 5½ ons halfzoete chocolade
- ½ kopje slagroom
- ⅔ kopje slagroom, gekoeld
- 1 theelepel gelatinepoeder
- 1 eetlepel koud water

SPIEGEL GLAZUUR
- 6 ons witte chocolade, kleine stukjes
- ⅓ kopje water
- ¾ kopje suiker
- 3½ ounces gezoete gecondenseerde melk
- 1 theelepel vanille-extract
- 1 eetlepel gelatinepoeder
- ¼ kopje koud water
- Witte en oranje kleurstof voor gekleurd spiegelglazuur

INSTRUCTIES
BEREIDING VAN DE ORANJE CREMEUX.
a) Meng in een kom de dooier met de suiker tot een romige en lichtgele kleur.

b) Doe de gelatine en 1 eetlepel sinaasberoepsap in een kleine kom en laat 5-10 minuten zwellen.
c) Breng in een kleine pan het sinaasberoepsap, de sinaasberoepschil en de slagroom aan de kook. Haal van het vuur en giet een vierde van het gekookte mengsel in de dooier, om te temperen, onder voortdurend roeren.
d) Giet het dooiermengsel bij het resterende gekookte sinaasberoepmengsel, zet het vuur weer op het vuur en blijf koken tot het net begint in te dikken. Laat het niet te gaar worden.
e) Haal van het vuur en roer de uitgebloeide gelatine erdoor. Plaats kleine cakepop-siliconenvormpjes op een bakplaat en giet het mengsel. Leg er gekonfijte sinaasberoepschil op en vries in tot gebruik.

BEREID ORANJE GENOISE.
f) Verwarm de oven voor op 350F.
g) Vet een pan van 9 x 13 inch in en bekleed deze met bakpapier.
h) Voeg eieren en suiker toe in een hittebestendige kom. Mix om te combineren. Zet het mengsel op een pan met kokend water en blijf ongeveer 7-8 minuten roeren tot het mengsel dik is en in volume verdrievoudigd. Zorg ervoor dat u de eieren niet kookt, de temperatuur van het mengsel mag niet hoger worden dan 122F.
i) Haal van het vuur en blijf mixen tot het enigszins is afgekoeld. Meng de sinaasberoepschil erdoor.
j) Voeg geleidelijk de gezeefde bloem en de gesmolten boter toe.
k) Giet het beslag in de voorbereide pan en bak ongeveer 10 minuten tot het goudbruin is en een tandenstoker die in het midden van de cake wordt gestoken er schoon uitkomt.
l) Haal het uit de oven, laat het 5 minuten afkoelen in de pan en breng het over naar een koelrek om volledig af te koelen.

BEREIDING CHOCOLADEMOUSSE.
m) Voeg in een hittebestendige kom de halfzoete chocolade en ½ kopje slagroom toe. Zet de kom op een laag vuur in een pan met kokend water, totdat alle chocolade is gesmolten. Los ondertussen de gelatine op in koud water en laat dit ongeveer 5 tot 10 minuten zwellen. Voeg uitgebloeide gelatine toe aan de gesmolten chocolade en roer om op te lossen. Laat het chocolademengsel volledig afkoelen op kamertemperatuur.
n) Klop de resterende ⅔ kop gekoelde slagroom tot zich stijve pieken vormen. Voeg het gesmolten chocolademengsel toe en meng tot alles goed gemengd is.

o) Koepels montage.
p) Snijd de genoisecake in twee schijven van 7 inch. Bestrijk ze elk met sinaasberoeplikeur of gewoon wat suikersiroop.
q) Plaats siliconenvormpjes met halve cirkels van 7,5 cm op een bakplaat en spuit met een gladde punt van ½ inch wat chocolademousse in de bodem van de vormpjes en verdeel de mousse met een lepel over alle kanten van de vormpjes.
r) Voeg nog wat chocolademousse toe tot de helft van de vorm.
s) Voeg sinaasberoeplikeur toe en spuit er chocolademousse omheen.
t) Bestrijk met in likeur gedrenkte genoiseschijven en zet een nacht in de vriezer.

SPIEGELGLAZUUR VOORBEREIDEN.
u) Doe de gelatine en ¼ kopje koud water in een kleine kom en laat 5-10 minuten zwellen.
v) Doe de chocolade in een kom en zet opzij.
w) Doe water, suiker en gecondenseerde melk in een pan. Breng het net aan de kook en haal het van het vuur. Roer de uitgebloeide gelatine erdoor tot deze is opgelost.
x) Giet het hete mengsel over de chocolade. Laat ongeveer 5 minuten staan tot de chocolade gesmolten is.
y) Gebruik een staafmixer en mix tot een gladde massa. Voeg vanille-extract en witte kleurstof toe. Zeef het glazuur. Giet ongeveer ½ kopje glazuur in een kleine kom. Voeg oranje kleurstof toe en verwerk om te combineren. Voeg oranje glazuur toe aan wit glazuur en roer lichtjes om een gemarmerd effect te creëren.
z) Laat het glazuur afkoelen tot 90-95F voordat je het over de bevroren koepels giet.
aa) Haal de koepels uit de vormen en plaats ze op een rooster op een met bakpapier beklede bakplaat.
bb) Giet het gemarmerde glazuur over de koepels, plaats de koepels voorzichtig op een serveerschaal en zet ze ongeveer 1-2 uur in de koelkast.
cc) Versier de onderkant van elk met gehakte witte chocolade en bewaar in de koelkast tot het klaar is om te serveren.

91. Espressomoussetaartjes met spiegelglazuur

INGREDIËNTEN:
CHOCOLADE BASIS:
- 3 eieren
- 100 g suiker
- 60 g bloem
- 40 g bakcacao
- 1 eetlepel instant-espresso
- 75 g boter
- 6 eetlepels Kahlúa

ESPRESSO MOUSSE:
- 3 blaadjes gelatine
- 100 ml melk
- 2 eierdooiers
- 20 g suiker
- 200 g witte couverture, fijngehakt
- 75 ml zeer sterke espresso
- 25 ml Kahlúa
- 2 eetlepels instant-espresso
- 200 ml koude room

SPIEGEL GLAZUUR:
- 8 vellen gelatine (12 g)
- 180 g glucose
- 175 g suiker
- 80 ml water
- 125 g gezoete gecondenseerde melk
- 180g witte chocolade
- Voedselkleuring in pastavorm

DECORATIE:
- 100 g pure chocolade
- Optioneel: gevriesdroogde frambozen en bramen

INSTRUCTIES:
CHOCOLADE BASIS:
a) Klop de eieren en suiker gedurende 10 minuten.
b) Meng ondertussen bloem en bakcacao. Smelt de boter. Bekleed een rechthoekige bakvorm met bakpapier en verwarm de oven voor op 175°C (boven-/onderwarmte).

c) Zeef het bloem-cacaomengsel over het ei-suikermengsel, roer kort en roer er dan de gesmolten boter door.
d) Verdeel het deeg in de pan en bak ongeveer 15 minuten. Haal het uit de vorm en laat het volledig afkoelen.
e) Gebruik een dessertring, koekjesvormer of glas en steek ronde deegbodems uit ter grootte van de siliconen halve bollen. Week elk stuk met een eetlepel Kahlúa.

ESPRESSO MOUSSE:
f) Week de gelatine in koud water.
g) Meng eidooiers en suiker. Verwarm de melk in een kleine pan tot deze kookt en voeg dan het mengsel van eierdooier en suiker toe. Verwarm tot 85°C, onder voortdurend roeren, tot het dik is.
h) Haal van het vuur en roer krachtig de couverture, espresso en espressopoeder erdoor tot een gladde massa.
i) Knijp de gelatine uit en los deze op in het warme mengsel. Laat het afkoelen tot kamertemperatuur.
j) Klop intussen de slagroom stijf en meng deze met het espressomengsel.
k) Giet het moussemengsel in een siliconenvorm met 6 halve bollen. Zet minimaal 2 uur in de koelkast en vries vervolgens minimaal 12 uur in.

SPIEGEL GLAZUUR:
l) Week de gelatineblaadjes in koud water.
m) Breng glucose, suiker en water aan de kook (105°C). Haal van het vuur en roer de gehakte chocolade en de gezoete gecondenseerde melk erdoor tot het geëmulgeerd is. Laat het 10 minuten afkoelen.
n) Knijp de geweekte gelatine uit en smelt deze in het mengsel. Meng goed en kleur het glazuur naar wens.
o) Laat het glazuur bij kamertemperatuur afkoelen tot ongeveer 35°C (1-2 uur).
p) Giet het glazuur door een zeef in een schenkbeker.
q) Plaats de moussetaartjes op eierdopjes en giet het glazuur erover. Voeg gekleurde wervelingen toe met een lepel.
r) Wacht 5 minuten totdat het overtollige glazuur is afgedruipt en plaats de taartjes vervolgens met een klein palet op een chocoladebodem.

DECORATIE:
s) Smelt tweederde van de chocolade op 45°C. Roer de resterende chocolade erdoor en laat afkoelen tot 26-28°C.
t) Verwarm zachtjes tot 32°C (tempereren).

u) Verdeel een dunne rechthoek chocolade op folie, laat het zitten en maak een spiraalvormig patroon.
v) Laat het 30 minuten in de koelkast drogen, verwijder dan de folie en scheid de chocoladesegmenten.
w) Voor chocoladeornamenten spuit u de resterende chocolade kruislings op folie, laat het drogen en verdeelt het in segmenten.
x) Geniet van uw espressomoussetaartjes met spiegelglazuur!

92. Spiegel Glazuur d Raspberry Dome Entremet

INGREDIËNTEN:
VOOR HET FRAMBOZENINVOEGSEL:
- 1 kopje verse frambozen
- 2 eetlepels kristalsuiker
- 1 theelepel citroensap
- 1 ½ vel (3 g) gelatine
- 2 eetlepels koud water

VOOR DE CITROENMOUSSE:
- 1 ½ vel (3 g) gelatine
- 2 eetlepels koud water
- 2 grote eieren, gescheiden
- ¼ kopje (50 g) kristalsuiker
- 1 theelepel citroenschil
- 3 eetlepels citroensap
- 1 kop (240 ml) slagroom

VOOR DE CITROEN GENOISE CAKE:
- 2 grote eieren
- ½ kopje (100 g) kristalsuiker
- 1 theelepel citroenschil
- ¼ kopje (60 ml) plantaardige olie
- 1 theelepel citroensap
- 1 kop (120 g) cakemeel
- 1 theelepel bakpoeder
- Een snufje zout

VOOR DE SPIEGELGLAZUUR:
- 1 ½ vel (3 g) gelatine
- 2 eetlepels koud water
- ½ kopje (100 g) kristalsuiker
- ¼ kopje (60 ml) water
- ¼ kopje (60 ml) citroensap
- ½ kopje (120 ml) gezoete gecondenseerde melk
- Gele voedselkleurstof (optioneel)

INSTRUCTIES:
VOOR HET FRAMBOZENINVOEGSEL:
a) Meng in een pan de verse frambozen, kristalsuiker en citroensap.

b) Kook het frambozenmengsel op laag vuur tot de frambozen uiteenvallen en zacht worden, af en toe roeren. Dit duurt ongeveer 10-15 minuten.
c) Terwijl het frambozenmengsel kookt, laat je de gelatineblaadjes bloeien door ze in een kom met 2 eetlepels koud water te plaatsen. Laat de gelatine ongeveer 5 minuten zacht worden.
d) Zodra de frambozen gaar zijn, haal je de pan van het vuur.
e) Voeg de uitgebloeide gelatineblaadjes toe aan het frambozenmengsel en roer tot de gelatine volledig is opgelost.
f) Zeef het frambozenmengsel door een fijnmazige zeef in een aparte bak om eventuele pitjes te verwijderen.
g) Giet het gezeefde frambozenmengsel in siliconen koepelvormen en vul elke vorm ongeveer halverwege. Zet de vormpjes minimaal 2 uur in de vriezer, of tot ze stevig zijn.

VOOR DE CITROENMOUSSE:

h) Laat de gelatineblaadjes bloeien door ze in een kom met 2 eetlepels koud water te leggen. Laat de gelatine ongeveer 5 minuten zacht worden.
i) Klop in een hittebestendige kom de eierdooiers, de kristalsuiker, de citroenschil en het citroensap door elkaar.
j) Plaats de kom boven een pan met kokend water (dubbele boiler) en klop voortdurend tot het mengsel dikker wordt. Dit duurt ongeveer 5-7 minuten.
k) Haal de kom van het vuur en roer de uitgebloeide gelatine erdoor tot deze volledig is opgelost. Laat het mengsel afkoelen tot kamertemperatuur.
l) Klop in een aparte kom de slagroom stijf tot er stijve pieken ontstaan.
m) Spatel de slagroom voorzichtig door het afgekoelde citroenmengsel tot alles goed gemengd is.

VOOR DE CITROEN GENOISE CAKE:

n) Verwarm uw oven voor op 175°C. Vet een bakblik in en bekleed het met bakpapier.
o) Klop in een kom de eieren, kristalsuiker, citroenschil, plantaardige olie en citroensap tot alles goed gemengd is.
p) Zeef het cakemeel, bakpoeder en een snufje zout erdoor. Spatel de droge ingrediënten voorzichtig door de natte ingrediënten tot ze net gemengd zijn.

q) Giet het cakebeslag in de voorbereide bakvorm en bak ongeveer 20-25 minuten, of totdat een tandenstoker die in het midden wordt gestoken er schoon uitkomt.
r) Laat de cake een paar minuten afkoelen in de pan, haal hem dan uit de pan en laat hem volledig afkoelen op een rooster.

VOOR DE SPIEGELGLAZUUR:
s) Laat de gelatineblaadjes bloeien door ze in een kom met 2 eetlepels koud water te leggen. Laat de gelatine ongeveer 5 minuten zacht worden.
t) Meng in een pan kristalsuiker, water, citroensap en gezoete gecondenseerde melk. Verwarm het mengsel op laag vuur, onder voortdurend roeren, totdat de suiker volledig is opgelost.
u) Haal de pan van het vuur en roer de uitgebloeide gelatine erdoor tot deze volledig is opgelost. Voeg indien gewenst gele kleurstof toe voor een levendige kleur.
v) Laat het spiegelglazuur afkoelen tot ongeveer 32°C (90°F) voordat u het gebruikt.

MONTAGE:
w) Zodra de frambozeninzetstukken zijn uitgehard, haalt u ze uit de vormen en plaatst u ze allemaal op een citroengenoise-cakevorm.
x) Giet de citroenmousse over de frambozeninzetstukken en vul elke vorm bijna tot de bovenkant.
y) Plaats de samengestelde taarten in de vriezer en laat ze minimaal 4 uur opstijven, of tot ze volledig bevroren zijn.
z) Wanneer u klaar bent om te glazuren, zorg er dan voor dat het spiegelglazuur de juiste temperatuur heeft. De temperatuur moet rond de 32°C zijn.
aa) Haal elke bevroren cake voorzichtig uit de vorm en plaats ze op een rooster met een bakplaat eronder om overtollig glazuur op te vangen.
bb) Giet het spiegelglazuur over elke cake en zorg ervoor dat ze volledig bedekt en glad zijn. Laat het overtollige glazuur wegdruipen.
cc) Zet de geglazuurde cakes in de koelkast om ze minimaal 4 uur of een hele nacht te laten ontdooien voordat je ze serveert.

93. Geglazuurde Matcha Entremet

INGREDIËNTEN:
VOOR DE MATCHA-SPONS:
- 3 grote eieren
- 100 gram kristalsuiker
- 100 gram bloem voor alle doeleinden
- 10 gram matcha groene theepoeder
- 30 gram ongezouten boter, gesmolten

VOOR DE MATCHA-MOUSSE:
- 200 ml volle melk
- 3 eierdooiers
- 50 gram kristalsuiker
- 12 gram gelatinepoeder
- 60 ml water
- 300 ml slagroom
- 15 gram matcha groene theepoeder

VOOR DE ADZUKI BONENLAAG:
- 200 gram adzukibonen uit blik, gezoet
- 1 eetlepel water

VOOR DE SPIEGELGLAZUUR:
- 150 gram witte chocolade
- 75 ml water
- 150 gram kristalsuiker
- 150 ml slagroom
- 12 gram gelatinepoeder
- 60 ml water
- 10 gram matcha groene theepoeder

INSTRUCTIES:
MATCHA SPONS:
a) Verwarm de oven voor op 180 °C en vet een vierkante of rechthoekige taartvorm in en bekleed deze.
b) Klop de eieren en de suiker in een mengkom tot een bleek en dik mengsel.
c) Zeef de bloem en het matchapoeder erdoor en roer voorzichtig tot alles gemengd is.
d) Voeg geleidelijk de gesmolten boter toe en roer tot het beslag glad is.
e) Giet het beslag in de voorbereide pan en bak gedurende 15-20 minuten of tot een tandenstoker er schoon uitkomt.

f) Laat de spons volledig afkoelen en knip hem vervolgens af zodat hij in uw mal past.

MATCHA-MOUSSE:

g) Laat de gelatine in een kleine kom bloeien door deze te mengen met 60 ml water. Zet het opzij om het water te absorberen.
h) Verwarm de melk in een pan tot deze heet is, maar niet kookt.
i) Klop in een aparte kom de eierdooiers en de suiker tot ze goed gemengd zijn.
j) Giet langzaam de hete melk bij het eigeelmengsel en blijf voortdurend kloppen.
k) Doe het mengsel terug in de pan en kook op laag vuur, onder voortdurend roeren tot het dikker wordt (laat het niet koken).
l) Haal van het vuur, voeg de uitgebloeide gelatine toe en roer tot deze is opgelost.
m) Zeef het matchapoeder en meng tot een gladde massa.
n) Laat het mengsel afkoelen tot kamertemperatuur.
o) Klop in een aparte kom de slagroom tot er zachte pieken ontstaan.
p) Spatel de slagroom voorzichtig door het matchamengsel tot alles goed gemengd is.

ADZUKI BONENLAAG:

q) Meng in een kleine pan de gezoete adzukibonen en 1 eetlepel water.
r) Kook op laag vuur een paar minuten tot het iets zachter wordt. Haal van het vuur en laat afkoelen.

MONTAGE:

s) Bekleed uw entremetvorm met acetaatstroken of plasticfolie.
t) Leg onderaan een laagje matchaspons.
u) Verdeel een dun laagje matchamousse over het sponsje.
v) Voeg een laagje adzukibonen toe.
w) Herhaal de lagen spons, mousse en adzuki totdat de vorm gevuld is en eindig met een laag mousse er bovenop.
x) Tik voorzichtig met de vorm op het aanrecht om eventuele luchtbellen te verwijderen.
y) Dek af met plasticfolie en vries minimaal 4 uur in, of tot het stevig is.

SPIEGEL GLAZUUR:

z) Meng de gelatine in een kom met 60 ml water en laat bloeien.
aa) Verhit de suiker, het water en de slagroom in een pan tot het begint te koken.

bb) Haal van het vuur en voeg de witte chocolade toe. Laat het een minuutje staan en roer dan tot een gladde massa.
cc) Zeef het matchapoeder en meng tot het volledig is opgenomen.
dd) Voeg de uitgebloeide gelatine toe en roer tot deze is opgelost.
ee) Laat het glazuur afkoelen tot 32°C (90°F).

LAATSTE STAPPEN:
ff) Haal de entremet uit de vriezer en laat hem uit de vorm komen op een rooster.
gg) Plaats een bakplaat of bakplaat onder het rooster om overtollig glazuur op te vangen.
hh) Giet het spiegelglazuur gelijkmatig over het bevroren tussengerecht en zorg ervoor dat het het hele oppervlak bedekt.
ii) Laat het glazuur een paar minuten inwerken.
jj) Breng het geglazuurde entremet over naar een serveerschaal en zet het in de koelkast tot het klaar is om te serveren.

94. Entremet met rode bessenchocolade

INGREDIËNTEN:
VOOR DE BLOEMLOZE SPONGCAKE:
- 66 g pure chocolade (75% cacao)
- 66 g boter
- 40 g eidooiers
- 33 g witte suiker (A)
- 60 gram eiwit
- 33 g witte suiker (B)
- 13 g cacaopoeder
- 1 g zout

VOOR DE RODE BESSENCOMPOTE:
- 150 g rode bessen (diepvries)
- 100 g rode bessenpuree
- 50 g witte suiker
- 5 g pectine NH
- 1 g citroenzuur

VOOR DE DONKERE CHOCOLADEMOUSSE:
- 170 g melk
- 80 g eidooiers
- 30 g witte suiker
- 3 g gelatine + 18 g water
- 180 g pure chocolade (75% cacao)
- 250 g slagroom (slagroom)

VOOR DE DONKER RODE SPIEGELGLAZUUR:
- 75 gram water
- 150 g witte suiker
- 150 g glucosestroop
- 10 g gelatine + 60 g water
- 100 g gezoete gecondenseerde melk
- 150 g pure chocolade (niet meer dan 60% cacao)
- Rode voedselkleurstof

INSTRUCTIES:
VOOR DE BLOEMLOZE SPONGCAKE:
a) Smelt de pure chocolade en boter, in de magnetron of met behulp van een dubbele boiler. Opzij zetten.
b) Meng in een aparte kom de eierdooiers met witte suiker (A) tot het mengsel licht en bleek wordt.

c) Klop het eiwit met de witte suiker (B) schuimig met middelgrote pieken.
d) Spatel het gesmolten chocolade- en botermengsel voorzichtig door het eigeelschuim en voeg tijdens het vouwen cacaopoeder en zout toe.
e) Verdeel het beslag in twee gelijke porties en giet het in twee cakeringen van 16 cm.
f) Bak op 180°C gedurende 12-14 minuten of tot het enigszins stevig is. De cakes zullen rijzen en dan leeglopen.
g) Laat de biscuitgebakjes volledig afkoelen.

VOOR DE RODE BESSENCOMPOTE:
h) Doe de bevroren rode bessen met de rode bessenpuree in een pan en verwarm deze tot 40°C.
i) Meng suiker apart met pectine en voeg het toe aan het warme bessenmengsel.
j) Breng aan de kook en kook gedurende 30 seconden, onder voortdurend roeren.
k) Haal van het vuur en roer het citroenzuur erdoor. Laat het 10 minuten afkoelen.
l) Monteer het inzetstuk door één biscuitgebak in een taartring van 16 cm te plaatsen. Giet de bessenmarmelade erover, plaats het tweede biscuitgebak erop en druk zachtjes aan.
m) Vries het inzetstuk minimaal 2 uur in.

VOOR DE DONKERE CHOCOLADEMOUSSE:
n) Creëer een crème anglaise door melk te verwarmen. Combineer de eierdooiers afzonderlijk met suiker.
o) Giet geleidelijk de hete melk over het eigeelmengsel, zet het vervolgens op een laag vuur en kook tot het een temperatuur van 82°C bereikt.
p) Haal van het vuur, roer de uitgebloeide gelatine erdoor (gelatine en water gemengd) en giet het mengsel over de pure chocolade.
q) Laat het 2 minuten rusten en meng vervolgens tot het mengsel glad en glanzend wordt.
r) Laat afkoelen tot 30°C en spatel de slagroom erdoor.
s) Zet de taart in elkaar door een taartring van 18 cm (6 cm hoog) te bekleden met een acetaatstrook. Giet de mousse in de vorm en vul deze voor ongeveer ¾ vol.

t) Haal het bevroren inzetstuk uit de vorm en plaats het in het midden van de mousse, terwijl u zachtjes aandrukt. Vries de cake minimaal 6 uur in, bij voorkeur een hele nacht.

VOOR DE DONKER RODE SPIEGELGLAZUUR:

u) Meng de pure chocolade met de gecondenseerde melk in een kan.
v) Meng water, suiker en glucosestroop in een pot en breng op 103°C.
w) Haal van het vuur, voeg de uitgebloeide gelatine toe en giet deze over het chocolademengsel. Pas de kleur aan met rode kleurstof.
x) Laat het glazuur 8 uur in de koelkast afkoelen en verwarm het vervolgens opnieuw tot 34-36°C (werktemperatuur).
y) Haal de cake uit de vriezer, giet het glazuur er gelijkmatig over en verwijder het overtollige glazuur.
z) Versier de taart naar wens.

95. Mandarijnmousse

INGREDIËNTEN:
- ¾ pond tot 1 pond mandarijnen
- 3 eetlepels Koud water
- 1½ theelepel Gelatine
- 3 eieren
- ¼ kopje plus 1 eetlepel suiker
- 1 kop Slagroom
- Citroensap

INSTRUCTIES:
a) Was de mandarijnen goed en rasp de schil in fijne reepjes in een kom. Pers de mandarijnen uit en zeef ⅔ c sap in dezelfde kom, bewaar eventueel extra sap.
b) Doe het koude water in een kleine pan en strooi de gelatine erin.
c) Klop de eieren met de suiker tot er een lichte piek in zit. Klop de room tot er zachte pieken ontstaan. Los de gelatine op laag vuur op.
d) Voeg het sap- en schilmengsel langzaam toe aan de gelatine, onder voortdurend roeren.
e) Spatel de slagroom door het ei-suikermengsel.
f) Giet het gelatine-sapmengsel bij het roommengsel en klop stevig op de plek waar het sap naar binnen gaat om te voorkomen dat het gaat geleren voordat het grondig wordt gemengd. Anders zal het de neiging hebben om te geleren en kleine klontjes te vormen.
g) Proef en voeg wat van het bewaarde sap of een beetje citroensap toe als je meer zuurheid of een sterkere smaak wilt.
h) Zet het mengsel enkele uren of een hele nacht in de koelkast en klop het eerste uur af en toe om te voorkomen dat het gaat scheiden.
i) Serveer in een glas, gegarneerd met enkele stukjes mandarijnenschil, vergezeld van Lace Cookies.

96.Citroen-kersen-notenmousse

INGREDIËNTEN:
- ½ kopje Hele natuurlijke amandelen
- 1 Envelop niet-gearomatiseerde gelatine
- 3 eetlepels Citroensap
- 1 kopje kristalsuiker; verdeeld
- 1 blikje (12 oz) verdampte melk
- 1 blik (21 oz) kersentaartvulling en topping
- 2 theelepels Geraspte citroenschil
- ¼ theelepel Amandelextract
- 4 eiwitten

INSTRUCTIES:
a) Verdeel de amandelen in een enkele laag op een bakplaat. Bak in een oven verwarmd tot 350 graden gedurende 12-15 minuten, af en toe roeren, tot het licht geroosterd is. Koel en hak fijn.
b) Strooi gelatine over 3 eetlepels water in een kleine, zware pan. Laat 2 minuten staan totdat de gelatine water heeft opgenomen.
c) Roer het citroensap en ½ kopje suiker erdoor; roer het mengsel op laag vuur tot de gelatine en de suiker volledig zijn opgelost en de vloeistof helder is.
d) Giet de verdampte melk in een grote mengkom; roer de kersentaartvulling, citroenschil en amandelextract erdoor. Roer het opgeloste gelatinemengsel erdoor en meng grondig.
e) Laat afkoelen tot het mengsel dik en puddingachtig van consistentie is.
f) Klop de eiwitten licht en schuimig. Voeg geleidelijk de resterende suiker toe.
g) Blijf kloppen tot er stijve meringue ontstaat. Vouw de meringue door het kersenmengsel. Spatel voorzichtig de gehakte amandelen erdoor.
h) Schep de mousse in 8 serveerschalen. Dek af en laat minimaal 2 uur of een nacht afkoelen voordat u het serveert.

BOM

97.Spiegel geglazuurde chocolade Bom

INGREDIËNTEN:
VOOR DE CHOCOLADESPONS:
- 85 g ongezouten boter (kamertemperatuur)
- 85 g kristalsuiker
- 65 gram zelfrijzend bakmeel
- 20 g Fijn Donker Cacaopoeder
- 1 middelgroot ei (geslagen)
- 35 ml volle melk

VOOR DE FRAMBOZENMOUSSE:
- 350 gram frambozen
- 1 zakje gelatine
- 4 grote eieren (gescheiden)
- 100 g kristalsuiker
- 150 ml dubbele room
- 5 g Madagascar Vanillepasta (1 theelepel)

VOOR DE SPIEGELGLAZUUR:
- 200 ml water
- 200 ml dubbele room
- 150 g kristalsuiker
- 50 ml vloeibare glucose
- 70 g Fijn Donker Cacaopoeder
- 1 zakje gelatine

VOOR DE DECORATIE:
- 50 g 26% witte chocolade
- Klaar om gekleurde fondantglazuur te rollen (rood en groen)

INSTRUCTIES:
VOOR DE CHOCOLADESPONS:
a) Verwarm de oven voor op 180°C/160°C heteluchtoven/gasstand 4. Vet een ronde cakevorm van 19 cm in en bekleed deze.
b) Klop in een mengkom de zachte boter en de suiker tot een bleek mengsel. Voeg het losgeklopte ei en de melk toe en zeef het cacaopoeder en de bloem erdoor. Meng tot je een glad beslag hebt.
c) Doe het beslag in de bakvorm, strijk de bovenkant glad en bak 20-25 minuten of tot een satéprikker er schoon uitkomt. Laat het 10 minuten afkoelen in de vorm en laat het dan volledig afkoelen.

VOOR DE FRAMBOZENMOUSSE:

d) Pureer de frambozen in een keukenmachine tot een gladde massa. Giet de puree door een fijne zeef om de pitjes te verwijderen.
e) Los de gelatine op volgens de instructies op de verpakking.
f) Klop in een mengkom de eidooiers en suiker samen tot het licht, luchtig en ingedikt is (lintstadium).
g) Roer de frambozenpuree en de opgeloste gelatine erdoor.
h) Klop in een aparte kom de slagroom en de vanillepasta tot er zachte pieken ontstaan en roer deze door het frambozenmengsel.
i) Klop in een andere kom de eiwitten stijf tot er pieken ontstaan. Spatel voorzichtig een portie eiwit door het frambozenmengsel tot het gemengd is en herhaal dit met de overige eiwitten.
j) Bekleed een 8-inch koepelvorm met huishoudfolie. Giet het frambozenmoussemengsel erbij en plaats het afgekoelde chocoladesponsje erop, zorg ervoor dat het midden in het midden ligt en gelijk ligt met de mousse. Bevries de Bom een nacht.

VOOR DE DECORATIE:
k) Bereid fondanthulstblaadjes en -bessen voor door groene fondant uit te rollen en hulstblaadjes te snijden. Maak kleine ronde bessen van rood fondant. Laat ze een nacht aan de lucht drogen.

VOOR DE SPIEGELGLAZUUR:
l) Maak op de dag van serveren het spiegelglazuur. Meng in een pan met zware bodem room, water, suiker, vloeibare glucose en cacaopoeder. Breng aan de kook en laat vervolgens 2 minuten sudderen. Zeef het in een kom en laat het 10 minuten afkoelen.
m) Los de gelatine op volgens de instructies op de verpakking. Roer het door het glazuur en zeef het mengsel vervolgens opnieuw in een kan.
n) Zet het glazuur ongeveer 30 minuten in de koelkast tot het iets dikker wordt maar nog wel vloeibaar is.

VERZAMELEN:
o) Haal de Bom uit de vriezer, ontvorm hem in een kom met een kleinere diameter dan de onderkant van de koepel en zorg ervoor dat hij stabiel staat op een rooster in een diepe bakplaat.
p) Giet het glazuur langzaam over de Bom en zorg voor een gelijkmatige dekking.
q) Smelt de witte chocolade en sprenkel deze over de Bom. Versier met de uitgeharde fondanthulstblaadjes en bessen.
r) Zet de Bom 1-2 uur in de koelkast om te ontdooien voordat je hem serveert.

98. Spiegel geglazuurde watermeloen Bom

INGREDIËNTEN:
VOOR DE BOM:
- Anti-aanbakspray, voor de kommen
- 3 dozen vanillemoussemix (voor 6 kopjes bereide mousse)
- 2 ¼ kopjes volle melk
- 15 kopjes in blokjes gesneden pitloze watermeloen
- 1 ½ kopjes gezoete gecondenseerde melk
- ¾ theelepel rode gelvoedselkleuring
- 1 ½ kopje mini halfzoete chocoladestukjes

VOOR DE WATERMELOEN SPIEGELGLAZUUR:
- ½ kopje lichte glucosestroop
- Eén pakje gelatine met meloensmaak van 3 ounce
- 1 kopje witte chocoladeschijven van goede kwaliteit, witte snoepjes of witte chocoladestukjes
- ⅓ kopje gezoete gecondenseerde melk
- 1 druppel gele voedselkleurstof
- 15 druppels groene gelvoedselkleuring

INSTRUCTIES:
a) Spuit een kom van 9½ inch in met anti-aanbakspray en bekleed deze met plasticfolie. Draai een kom van 20 cm ondersteboven, spuit de buitenkant in en dek af met plasticfolie.
b) Bereid de vanillemousse volgens de instructies op de verpakking, met minder melk. Giet het in de beklede kom van 9½ inch en plaats vervolgens de kleinere kom erin. Zet minimaal 4 uur in de vriezer.
c) Vries de watermeloenblokjes minimaal 3 uur in de vriezer.
d) Meng in een keukenmachine bevroren watermeloenblokjes, gezoete gecondenseerde melk en rode kleurstof tot een gladde massa. Roer de mini-chocoladestukjes erdoor.
e) Haal de kommen uit de vriezer, verwijder de kleinere kom en vul het putje met het watermeloenmengsel. Zet het minimaal 4 uur of een hele nacht in de vriezer.
f) Wanneer u klaar bent om te decoreren, bereidt u de Watermelon Spiegel Glazuur voor.
g) Keer de cake om op een rooster, giet het groene spiegelglazuur erover en voeg lijnen geel spiegelglazuur toe. Zet het minimaal 30 minuten in de vriezer voordat u het serveert.

WATERMELOEN SPIEGELGLAZUUR:

h) Combineer glucosestroop en water in een pan en breng aan de kook. Doe de meloengelatine in een kom en giet de kokende siroop erover, klop tot deze is opgelost.
i) Combineer witte chocolade en gezoete gecondenseerde melk in een dubbele boiler en verwarm tot een gladde massa. Giet het gelatinemengsel bij het witte chocolademengsel en roer tot alles goed gemengd is.
j) Verdeel het glazuur over twee kommen. Voeg de gele voedingskleurstof toe aan de ene kom en de groene voedingskleurstof aan de andere. Meng tot het gemengd is.
k) Breng het gele glazuur over in een knijpfles. Laat het afkoelen tot ongeveer 85 graden F voordat je het over de watermeloencake giet.

99. Spiegelgeglazuurde mokka Lava Bom

INGREDIËNTEN:
VOOR DE CHOCOLADEMOUSSE:
- 7 eidooiers
- 1 groot ei
- 160 g kristalsuiker
- 600 ml slagroom
- 150 ml slagroom
- 400 g pure chocolade 70%, fijngehakt

VOOR DE KOFFIECRÈME ANGLAISE:
- 2 blaadjes gelatine
- 55 g kristalsuiker
- 2 eierdooiers
- 100 ml volle melk
- 100 ml dubbele room
- 1 theelepel koffie-extract
- 40 gram eiwit

VOOR DE JOCONDE:
- 110 g eiwit
- 20 g kristalsuiker, plus extra om te bestuiven
- 100 g gemalen amandelen
- 100 g poedersuiker, gezeefd
- 3 eieren
- 30 g gewone bloem
- 25 g ongezouten boter, gesmolten en afgekoeld

VOOR DE AMANDELLIKEURSTROOP:
- 50 g kristalsuiker
- 2 eetlepels amandellikeur

VOOR DE BROZE AMANDEL:
- 225 g kristalsuiker
- 15 g ongezouten boter
- 60 g geroosterde amandelvlokken

VOOR DE SPIEGELGLAZUUR:
- 100 g dubbele room
- 100 g kristalsuiker
- 40 g cacaopoeder
- 2 blaadjes gelatine

VERSIEREN:
- 50 g witte chocolade, fijngehakt

INSTRUCTIES:
VOOR DE CHOCOLADEMOUSSE
a) Klop de eidooiers, het ei en de basterdsuiker boven kokend water tot een temperatuur van 60°C/140°F.
b) Klop tot het koel en dik is. Klop in een aparte kom de dubbele room tot zachte pieken.
c) Smelt de chocolade met slagroom en spatel deze door het eimengsel. Zet ongeveer 2½ uur in de vriezer.

VOOR DE KOFFIECRÈME ANGLAISE
d) Gelatine oplossen in water. Meng suiker en eierdooiers. Verwarm melk, room en koffie-extract tot net onder het kookpunt. Giet het mengsel onder voortdurend roeren op het eimengsel. Verwarm tot een temperatuur van 82°C/180°F. Gelatine erdoor roeren. Klop de slagroom met de suiker stijf en roer dit door het koffiemengsel. Bevriezen.

VOOR DE JOCONDE SPONS,
e) Klop de eiwitten totdat er stevige pieken ontstaan. Voeg geleidelijk basterdsuiker toe. Meng gemalen amandelen, poedersuiker, eieren, bloem en gesmolten boter. Spatel de eiwitten erdoor.
f) Bak en knip een cirkel met een diameter van 21 cm uit.

VOOR DE AMANDELLIKEURSTROOP
g) Los de suiker op in water, laat koken en voeg amandellikeur toe.
h) Karameliseer voor de amandelbros de suiker, roer de boter en de amandelen erdoor, giet het op een siliconenmatje en laat het opstijven.

MONTEER DE BOM
i) Schep wat chocolademousse uit, vul met koffiecrème anglaise en plaats het jocondesponsje erop. Bestrijk met amandellikeursiroop. Zet het in de koelkast.

VOOR DE SPIEGELGLAZUUR
j) Verwarm de room, suiker, cacao en water. Voeg gelatine toe. Koel tot het dik is.
k) Giet spiegelglazuur over de Bom en laat afkoelen.
l) Versier met gesmolten witte chocolade en brosse amandelen.

100. Spiegelgeglazuurde frambozenbevroren Bom

INGREDIËNTEN:
VOOR HET IJS:
- 500 ml dubbele room
- 397 g gecondenseerde melk (1 blikje)
- 2 theelepels vanillebonenpasta
- 200 gram frambozen
- 25 g witte chocolade, gesmolten
- 75 g witte chocoladevlokken

VOOR DE KOEKJESLAAG:
- 100 g gezouten boter, in blokjes
- 150 g gewone bloem
- 100 g kristalsuiker
- 1 groot ei, losgeklopt

VOOR DE SPONSLAGEN:
- 6 grote eieren
- 150 g kristalsuiker
- 1 theelepel vanille-extract
- 150 g gewone bloem

VOOR DE SPIEGELGLAZUUR EN JELLYLAAG:
- 400 gram frambozen
- 60 g vloeibare glucose
- 350 g kristalsuiker
- 200ml slagroom
- 20 g gelatinepoeder
- 50 ml citroensap

INSTRUCTIES:
VOOR HET IJS:
a) Klop de slagroom totdat deze net zijn vorm begint te behouden.
b) Spatel de gecondenseerde melk en de vanillepasta erdoor.
c) Doe het in een plastic bakje en vries het in terwijl je de andere componenten maakt.

VOOR DE KOEKJESLAAG:
d) Wrijf de boter door de bloem en de suiker tot het de textuur van fijn broodkruim heeft.
e) Roer het losgeklopte ei erdoor en kneed zo weinig mogelijk tot een deeg.

f) Rol het deeg tussen twee vellen bakpapier uit tot een dikte van 5 mm en snij vervolgens een lap van 20 cm | 8-inch cirkel.
g) Breng de cirkel, nog steeds op het bakpapier, over naar een bakplaat en vries gedurende 10 minuten in de vriezer om op te stijven.
h) Verwarm de oven voor op 170°C (150° hetelucht) | 325°F | gas 3. Bak het koekje gedurende 6 minuten of tot het stevig en goudbruin is. Laat afkoelen.

VOOR DE SPONSLAGEN:
i) Verhoog de oventemperatuur naar 200°C (180° hetelucht) | 400°F | gas 6.
j) Vet en lijn een 20 cm | Ronde cakevorm van 20 cm, 13 cm | Ronde cakevorm van 15 cm en een grote Zwitserse rolvorm met vetvrij papier.
k) Klop de eieren, basterdsuiker en vanille-extract samen met een elektrische garde tot het dik en volumineus is.
l) Spatel voorzichtig de bloem erdoor en verdeel het mengsel over de drie voorbereide blikken.
m) Bak de sponzen gedurende 8 minuten of tot ze veerkrachtig aanvoelen. Laat afkoelen.

VOOR DE SPIEGELGLAZUUR EN JELLYLAAG:
n) Pureer de frambozen in een blender en zeef het mengsel vervolgens door een zeef in een pan om de pitjes te verwijderen.
o) Voeg de glucose, basterdsuiker en slagroom toe aan de pan. Roer op laag vuur om de suiker op te lossen, verhoog vervolgens het vuur en kook tot 102°C | 216°F.
p) Terwijl het frambozenmengsel aan het opwarmen is, roer je de gelatine door het citroensap en laat je het opzwellen.
q) Wanneer het frambozenmengsel de juiste temperatuur heeft bereikt, haal je de pan van het vuur. Laat 5 minuten afkoelen voordat je de gelatine erdoor klopt. Roer af en toe tijdens het samenstellen van het dessert.

OM HET DESSERT TE SAMENSTELLEN:
r) Lijn a 20 cm | 8-inch halve bolvorm met huishoudfolie, waardoor de randen overhangen.
s) Snij de cake uit de Zwitserse rolvorm in driehoeken en bekleed hiermee de vorm, zorg ervoor dat er geen gaten achterblijven.
t) Verdeel de helft van het ijs rondom in een dikke laag.

u) Meng de helft van de frambozen met 6 eetlepels spiegelglazuur in een kom. Schep het mengsel in de Bomvorm en bedek met de ronde sponslaag van 13 cm.
v) Vouw de rest van de frambozen door de rest van het ijs en schep het in de vorm, zodat het oppervlak waterpas wordt.
w) Bestrijk met een sponslaag van 20 cm.
x) Vries de Bom in tot de rest van het spiegelglazuur is afgekoeld tot 40°C | 104°F.
y) Breng de koekjeslaag over naar een rooster dat boven een bakplaat is geplaatst. Draai de Bom er bovenop en verwijder de huishoudfolie.
z) Giet het spiegelglazuur helemaal over de bovenkant.
aa) Doe de gesmolten witte chocolade in een spuitzak en spuit er een grote zigzag overheen.
bb) Doop de onderkant van de Bom voorzichtig in witte chocoladevlokken.
cc) Vries de Bom minimaal 2 uur of tot 30 minuten in voordat je klaar bent om te serveren.
dd) Geniet van je Raspberry Frozen Bom-dessert!

CONCLUSIE

Nu we onze reis door 'Een compleet kookboek voor Frank desserts' afsluiten, hopen we dat je niet alleen nieuwe recepten en vaardigheden hebt verworven, maar ook het pure plezier hebt ervaren van het maken en genieten van onweerstaanbare Frank desserts.

De wereld van Frank gebakjes en zoetigheden is een ware viering van de zoete momenten van het leven, en we vertrouwen erop dat je deze wereld zult blijven verkennen, experimenterend met smaken, technieken en presentatie. Of u nu de klassiekers herschept of uw unieke draai geeft aan deze tijdloze lekkernijen, Frank desserts bieden eindeloze mogelijkheden voor creativiteit en genot.

Wij danken u hartelijk dat wij deel mochten uitmaken van uw culinaire avontuur. Terwijl u de kunst van het maken van Frank desserts onder de knie blijft krijgen, mag uw keuken gevuld worden met de voortreffelijke aroma's en de belofte van heerlijke zoete ervaringen. Eet smakelijk, en op naar nog veel meer momenten van culinair geluk met Frank desserts.

www.ingramcontent.com/pod-product-compliance
Lightning Source LLC
Chambersburg PA
CBHW070510120526
44590CB00013B/796